EDITED VOLUME SERIES

universität innsbruck

innsbruck university press

Herwig Büchele, Anton Pelinka (Hg.)

Qualitatives Wirtschaftswachstum – eine Herausforderung für die Welt

Herwig Büchele
Institut für Systematische Theologie, Universität Innsbruck

Anton Pelinka
Department of Political Science, Central European University Budapest
bis 2006 Institut für Politikwissenschaft an der Universität Innsbruck

Diese Publikation wurde mit finanzieller Unterstützung des Vizerektorats für Forschung gedruckt.

Universität Innsbruck
1. Auflage

www.uibk.ac.at/iup
ISBN 978-3-902811-65-3

Inhaltsverzeichnis

Vorwort der Herausgeber

Die Welt steht vor einer epochalen Grundentscheidung – das ist die Grundthese dieses Buches. Diese These soll in den Beiträgen der einzelnen Autorinnen und Autoren begründet werden. Sie sind sich bewusst, dass ihre Sichtweise, wie der notwendige Wandel vom quantitativen hin zum qualitativen Wirtschaftswachstum sich vollziehen kann, sich einer „Konkurrenz der Argumente“ auszusetzen hat.

Zugleich hoffen sie, dass dieses Buch für eine breite Schicht der Bevölkerung ein Anstoß sein kann, sich vermehrt dieser für die Zukunft der Menschheit so grundlegenden Frage zuzuwenden.

Das Dilemma, das unserer Meinung nach weder im Bereich der herrschenden Politik, noch im Bereich der herrschenden Ökonomie in seiner Tragweite tief genug gesehen wird, ist die Frage nach einem notwendigen Perspektivenwechsel in diesem politisch so sensiblen Bereich des Wirtschaftswachstums. Trotz aller Warnungen anerkannter wissenschaftlicher Institutionen auf dem Gebiet der Klimaforschung, der weltweiten Wasser-, Nahrungs-, Rohstoff- und Energiesituation bleiben die Forderungen nach einem fundamentalen Umdenken in der Wachstumsfrage weithin unerhört – unerhört in einem doppelten Sinn: Diese Warnungen werden sehr oft nicht nur nicht beachtet, sondern auch vielfach verdrängt – und dies nicht nur vom herrschenden Diskurs in Ökonomie und Politik, sondern vor allem auch von einem Großteil der Bevölkerung.

Diese so interpretierte Sicht der Wachstumsthematik hat Expertinnen und Experten veranlasst, sich zu einem Arbeitskreis auf Zeit zusammenzuschließen, um sich dieser weithin in den Hintergrund gedrängten, die gesamte Menschheit gefährdenden Entwicklung zu stellen.

Die Grundthesen der Beiträge der einzelnen Autorinnen und Autoren seien im Folgenden aufgeführt. Sie geben einen ersten Einblick in dieses so dramatische Spannungsfeld von Politik, Ökonomie und Ökologie.

Anton Pelinka

Zwischen dem Dilemma, die Folgen des Wirtschaftswachstums mit den vorhandenen Instrumenten nationalstaatlicher Politik nicht steuern zu können, und der bedrohlichen Versuchung, nach nicht-demokratischen Steuerungsmitteln greifen zu wollen, müssen, will man demokratischen Grundwerten treu bleiben, die Voraussetzungen demokratischer globaler Politik überlegt und schrittweise geschaffen werden. Dazu zählt zunächst der deklarierte Abschied von nationalen Souveränitätsphantasien.

Gerhard Glatzel

Die Energiepolitik muss von Grund auf geändert werden. Der Emissionshandel hat nicht die erhoffte Wirkung erzielt und sollte daher auch bei Treibhausgasen durch Grenzwerte für maximal zulässige Emissionen ersetzt werden. Dies würde den technischen Fortschritt stimulieren und die Grenzwerte könnten im Lauf der Zeit gesenkt werden. Sektorale Energiesparmaßnahmen sind im Hinblick auf den Gesamtverbrauch von Energieträgern oft wenig wirksam, weil damit auch Geld gespart wird, welches letztendlich wiederum für Konsumgüter oder Dienstleistungen, die mit hohem Energieeinsatz verbunden sind, ausgegeben wird. Die Erschließung zusätzlicher Energiequellen, auch erneuerbarer, führt nicht zu einer Verringerung des Energieverbrauches, sondern begünstigt den Konsum. Biomasse als erneuerbare Energiequelle darf nicht zulasten sonstiger wichtiger Ökosystemleistungen ausgebaut werden. Auch Boden, von dem unser Leben und Wohlergehen auf vielfältige Weise abhängt, ist eine endliche und empfindliche Ressource, die bei Überbeanspruchung Schaden nimmt. Wie die Evolution eindrucksvoll zeigt, stimuliert die Knappheit von Ressourcen die Selektion von Leben, das mit diesen Bedingungen zurechtkommt. Eine verantwortungsvolle Energiepolitik muss daher besonders bestrebt sein, den Energiekonsum insgesamt zu reduzieren und nicht darauf abzielen, mehr Energie bereitzustellen und die klimaschädlichen Treibhausgase sowie sonstige ökologische Auswirkungen irgendwie unschädlich oder tolerierbar zu machen.

Peter Pawlowsky

Medien zeigen wenig Neigung, neue Wirtschaftsmodelle zu propagieren, weil sie selbst Bestandteil des ökonomischen Systems sind. Als Plattformen politischer Auseinandersetzung vermitteln sie selten mehr als den jeweiligen Diskussionsstand. Daher braucht es eine Verstärkung der tatsächlichen Unabhängigkeit, mehr Distanz zwischen Wirtschaft und Politik und eine Überwindung der europäischen Sprachgrenzen durch bessere Auslandsberichterstattung. Medien kreieren keine Wirtschaftspolitik, können aber plausible Alternativen glaubhaft machen und verstärken.

Günther Humer

Unsere Gesellschaft steht vor der Herausforderung, sich von der Illusion dauerhaften quantitativen Wachstums schrittweise zu verabschieden und in Richtung einer Strategie zur Stärkung der Lebensqualität neu auszurichten. Dabei spielen die Selbstorganisationskräfte der Gesellschaft eine zentrale Bedeutung. Eine Renaissance der Regionen bringt eine bessere Ausgewogenheit zwischen globalen und regionalen Wirtschaftkreisläufen. Das freiwillige Engagement der Menschen und ihre aktive Beteiligung an politischen Prozessen schaffen Eigenverantwortung und Stabilität. Neue Lebensstilmodelle, die mehr auf Lebensqualität ausgerichtet sind, eröffnen Raum für das gute Leben – für mehr Beziehungs-, Sinn- und Zeitwohlstand. Dabei dürfen die Fragen der sozialen Gerechtigkeit und der ökologischen Grenzen nicht vergessen werden. Ebenso braucht es die Einbindung der unzähligen lokalen Aufbrüche und Selbstorganisationskräfte in eine überregionale Perspektive und in ein globales Netzwerk.

Maria Abraham-Mülleder

Finanzmärkte und Nachhaltigkeit/qualitatives Wirtschaftswachstum: Was derzeit noch ein Widerspruch ist, könnte Realität werden, wenn fundamentale Schwächen der Finanzmärkte, ja des „Gesamtsystems Kapitalismus“ erkannt und beseitigt werden. Im Beitrag wird ausführlich an zwei aktuellen Beispielen aus der Finanz- und Schuldenkrise gezeigt, wie stark Realwirtschaft und Finanzmärkte verflochten und voneinander abhängig sind. Abschließend werden Lösungsansätze aufgezeigt, die jedoch unvollständig bleiben müssen. Zu uneinig sind selbst Experten darin, worin die Instabilität des Systems „Kapitalismus“ begründet ist und welche Konsequenzen daraus gezogen werden müssen.

Ines Omann, Fritz Hinterberger, Harald Hutterer

Die Lebensqualität der Menschen im früh industrialisierten Teil der Erde ist zweifach gefährdet: zum einen durch die ökologischen Auswirkungen des exzessiven Ressourcenverbrauchs, zum anderen durch die Art und Weise des Konsums selbst: Psychische Krankheiten durch Über- und Unterforderung mit dem täglichen Leben nehmen allenthalben zu. Dabei gibt es Möglichkeiten und Strategien, unsere Bedürfnisse zu befriedigen, die glücklich(er) machen und wesentlich weniger Ressourcen verbrauchen.

Rainald Tippow

Wirtschaftswachstum und Armutsbekämpfung waren Jahrzehnte lang gekoppelt. Die insbesondere seit 2008 andauernde Krise zeigt immer deutlicher, dass ein Zuwachs an Lebensqualität nicht durch eine Ausweitung der Gier-Philosophie auf möglichst viele Menschen unter Zurücklassung der Schwachen erfolgen kann. Notwendig ist ein Paradigmenwechsel, der einen Bewusstseinswandel herbeiführt. Und notwendig ist ein Zuwachs an Lebensqualität, der insbesondere die an den Rand Gedrängten materiell absichert und ihnen Perspektiven für eine größere Lebenszufriedenheit eröffnet – abseits der Ausweglosigkeit ökonomischer Wachstumszwänge.

Josef Riegler

Der Wandel hin zu einer Ökosozialen Marktwirtschaft bedarf konkreter Ziele. Solche Ziele sind zuerst und vor allem:

- Nachhaltigkeit, Effizienz, Gerechtigkeit, Schönheit und Gemeinschaftssinn.
- Effiziente Systeme zur Nutzung erneuerbarer Energien.

- Eine regenerative Landwirtschaft, die ausreichende Mengen unbelasteter Lebensmittel produziert und zur Bodenbildung beiträgt.
- Die Erhaltung von Ökosystemen in ihrer Vielfalt.
- Dezentralisierung wirtschaftlicher Macht und wissenschaftlicher Sachverstand.
- Fähigkeit zur gewaltfreien Konfliktlösung.
- Politische Strukturen, die ein Gleichgewicht zwischen kurz- und langfristigen Strategien erlauben.
- Lebensziele, in deren Mittelpunkt nicht die Anhäufung materieller Güter steht.

Herwig Büchele

Die Welt steht vor einem Dilemma: Sie kann auf quantitatives Wirtschaftswachstum nicht verzichten, aber nur ein qualitatives Wirtschaftswachstum bewahrt die Menschheit vor großen Krisen. Sind wir diesem Dilemma hilflos ausgeliefert? Grundsätzlich nicht. Aber ein Ausweg wird sich nur dann eröffnen, wenn die Antriebskräfte, die unser herrschendes Wirtschaftssystem bestimmen, einen grundlegenden Wandel erfahren und breite Teile der Bevölkerung sich bewusst werden, dass an einem grundlegenden Wandel unseres Wirtschafts- und Lebensstils kein Weg vorbei führt.

Ein Wunsch begleitet dieses Buch. Es möge für viele Menschen einen Anstoß bilden, sich vermehrt den Grundfragen unserer Zeit zu stellen.

Herwig Büchele, Anton Pelinka

Zwischen Resignation und „schöner neuer Welt"

Globale Politik ohne „global governance" reicht nicht – aber wie kann „global governance" entstehen?

Anton Pelinka

Vorbemerkung

Der vor mehr als vier Jahrzehnten publizierte Bericht des „Club of Rome" über die „Grenzen des Wachstums" hat, trotz prognostischer Unschärfen, eine zentrale Funktion erfüllt: Die Aussage über die Endlichkeit der Ressourcen ist heute grundsätzlich unbestritten. Damit ist auch die Endlichkeit eines linearen ökonomischen Wachstums zu einer selbstverständlichen Erkenntnis geworden. Die Konsequenz dieser Einsicht ist, dass mit verstärkten Auseinandersetzungen über die Verteilung der Ressourcen zu rechnen ist. Wasser, Nahrung, fossile Brennstoffe werden zu immer stärker nachgefragten und daher potentiell umkämpften Gütern.

Diese Einsicht trifft sich mit einer abnehmenden Politikfähigkeit des seit Jahrhunderten dominierenden politischen Akteurs – des als souverän fingierten Staates. Der (national) staatlichen Politik kommt immer mehr die Fähigkeit abhanden, die zunehmend globalisierten ökonomischen Entwicklungen zu steuern oder auch nur zu kontrollieren. Die staatliche Politik ist dabei, ihre Fähigkeit zur Steuerung gesellschaftlicher Trends und damit zur Gestaltung der Zukunft zu verlieren.

1. Einstieg: Die Versuchung, die Zukunft zu steuern

Das Ungleichgewicht zwischen einer Politik, die in den Grenzen von – zunehmend demokratischen – Staaten eingesperrt ist, und einer diese Grenzen überwindenden Ökonomie ruft die negativen politischen Utopien des 20. Jahrhunderts in Erinnerung. Aldous Huxley („Brave New World"), George Orwell („1984") und Margaret Atwood

(„The Handmaid's Tale") beschreiben, wie sehr eine transnationale, eine transstaatliche Politik mit innerer Logik eine totalitäre Qualität aufzuweisen droht: Huxley sieht die nicht-demokratische Repolitisierung in Form einer von einem an Platos Philosophenstaat erinnernden, niemandem verantwortlichen Gremium garantierten Glücksgarantie für alle; Orwell schildert, in relativ enger Anlehnung an die konkreten Erfahrungen des 20. Jahrhunderts, die Repolitisierung als permanenten Krieg und perfekte Repression; Atwood skizziert die totale Herrschaft eines religiösen Fundamentalismus.

Die hinter diesen negativen Szenarien stehende Motivation wird bei Arthur Koestler deutlich. In „The Call Girls" schildert er, Jahrzehnte nach Huxley und Orwell, die sich zur Verzweiflung steigernde Ratlosigkeit wissenschaftlicher Expertinnen und Experten, wie die sich abzeichnende Selbstzerstörung der Menschheit verhindert werden könnte. Die Maßnahmen, die im fiktiven Kreis der führenden Koryphäen der Wissenschaft diskutiert werden, laufen letztendlich auf die Aufhebung demokratischer Grund- und Freiheitsrechte hinaus – wie etwa die partielle Zerstörung der Fortpflanzungsfähigkeit durch Zusätze im Trinkwasser oder die systematische neuropsychologische Manipulation menschlichen Verhaltens.

Die von Koestler 1973 in den Mittelpunkt gerückten Negativszenarien – die Explosion der Weltbevölkerung und die unkontrollierbare Aggressionsbereitschaft der menschlichen „Natur" – hängen nicht direkt, sehr wohl aber indirekt mit der Frage nach der politischen Beherrschbarkeit der Folgen eines unbegrenzten Wirtschaftswachstums zusammen. Wie in Koestlers Szenarien geht es auch jetzt um die Frage, wie die Erkenntnis (selbst)zerstörerischer gesellschaftlicher Megatrends in politische Gegenmaßnahmen umgesetzt werden kann.

2. Evidenz: Die fehlende Politikfähigkeit

Die Beantwortung dieser Frage muss von einer – weiteren – Einsicht ausgehen: vom Fehlen einer transnationalen Politikfähigkeit. Die Herausforderungen des Wirtschaftswachstums überfordern einerseits – angesichts der abnehmenden Politikfähigkeit der traditionell im Mittelpunkt stehenden politischen Akteure, der Staaten – die Möglichkeiten staatlicher Gegensteuerung. Andererseits fehlt es aber an geeigneten transnationalen politischen Instrumenten.

Die Erfahrungen mit den Bemühungen, die Folgen des Klimawandels durch von der UNO organisierte Regierungskonferenzen (Kioto, Kopenhagen) politisch zu kontrollieren, erlauben eine klare Aussage: Der Versuch der Koordination nationaler Regierungen, die jede für sich Souveränität beansprucht, ist ein höchst ungeeignetes Instrument, Politik mit repräsentativer Globalität zu machen. Die Ursachen für dieses Versagen:

- Nationale Regierungen sind im Paradigma nationalstaatlicher Souveränität gefangen. Innenpolitische Kalküle haben immer eindeutig Vorrang vor universellen Zielen.
- Nationale Regierungen sind im Paradigma politischer Kurzfristigkeit gefangen. Ziele, die über eine Regierungs- oder Legislaturperiode hinaus reichen, sind gegenüber kurzfristigen Zielen immer sekundär.

Die logische Antwort wäre die Überwindung des Konzeptes staatlicher Souveränität zugunsten einer globalen politischen Organisation, die nicht durch die Tabus nationaler Interessen behindert wird und sich so aus dem Paradigma der Kurzfristigkeit befreien könnte. Die naheliegende Antwort auf den Verlust nationaler Politikfähigkeit wäre die Entwicklung transnationaler Politikfähigkeit: der Aufbau politischer Strukturen, die nicht direkt von einzelnen kurzfristigen nationalen Kalkülen abhängig sind.

Das Dilemma ist freilich, dass die nationalstaatliche Politikebene zwar ständig an politischer Gestaltungsfähigkeit einbüßt; dass es aber nach wie vor an den Nationalstaaten liegt, eine transnationale Politikebene aufzubauen; eine politische Struktur also, die – unter bestimmten Voraussetzungen – verbindliche Entscheidungen für einzelne Staaten auch gegen deren erklärten Widerstand treffen und umsetzen können. Die Verlierer eines solchen Aufbaues eines transnationalen politischen Systems wären diejenigen, die über diesen Aufbau entscheiden, diesen also auch verhindern können: die traditionellen Staaten. Diese können politisch immer weniger bewegen. Aber sie sind nach wie vor in der Lage, den Aufbau von global governance zu verhindern.

3. „Global Governance" als das Konzept der Gegensteuerung

Dieser Befund macht auch deutlich, dass es nicht bloß um global governance im Sinne von Vernetzung von weiterhin souverän agierenden Staaten geht, sondern um eine mit universeller Legitimität ausgestatteten Autorität, die nicht für die USA oder China oder Österreich, die vielmehr für „die Menschheit" zu agieren versteht. Die bisherige Bilanz der – vom Grundgedanken her – benevolenten Diktaturen (wie den Systemen sowjetischen Typs) zeigt deutlich, dass eine nicht-demokratische Autorität noch weniger als Demokratien westlichen (liberalen) Zuschnitts geeignet sind, ein ökonomisches Kalkül einem humanitär-menschenrechtlichen unterzuordnen.

Pessimismus oder zumindest Skepsis sind daher angesagt, wenn es um den Entwurf der Eindämmung der negativen Folgen quantitativen Wirtschaftswachstums geht. Dennoch bieten sich einige Denkansätze an – insbesondere die Konzeption von Politikverboten, formuliert im Interesse zukünftiger Generationen und überwacht von unabhängigen, aber demokratisch-rechtsstaatlich legitimierten Gerichten (einer Art universellem Supreme Court). Die Etablierung eines solchen universellen Supreme Courts reibt sich freilich mit den Paradigmen der nationalen Souveränität und der politischen Kurzfristigkeit. Eine Entwicklung, die zur Überwindung der beiden Paradigmen führt, kann nur die Folge einer breiten Einsicht in die Katastrophe sein, in die ein unkontrolliertes Wachstum führt. Eine solche Einsicht ist (noch) nicht zu erwarten. Sie ist erst vorstellbar, wenn die unmittelbare Betroffenheit im Sinne einer sinnlich wahrnehmbaren Katastrophe deutlich stärker wird.

Die Europäische Union bietet Erfahrungen, wie und mit welchen Folgen nationale Souveränität zugunsten der Entwicklung des Auf- und Ausbaues transnationaler Politikfähigkeit unter den Prämissen demokratischer Grundwerte beschränkt werden kann. Die beobachtbaren, sehr zögerlichen Fortschritte in Richtung der Entwicklung einer europäischen Föderation zeigen, dass auch unter den relativ analogen Rahmenbedingungen prosperierender, demokratisch geordneter Gesellschaften rasche Weichenstellungen kaum zu erwarten sind. Die Staaten der EU haben eine gemeinsame Wertebasis – pluralistische Demokratie und Rechtsstaatlichkeit; sie haben eine gemeinsame Wirtschaftsordnung – eine sozialpolitischen Korrekturen zugängliche Marktwirtschaft. Dennoch stößt der Fortschritt der europäischen Integration auf ständig neue Hindernisse.

Dass der europäische Integrationsprozess eine Fülle von Widerständen provoziert, demonstriert, wie mühsam und schwierig der Prozess des langen Abschieds vom Dogma nationalstaatlicher Souveränität ist. Trotzdem ist die Europäische Union das wohl wichtigste Laboratorium, in dem global governance unter den spezifischen, nicht a priori generalisierbaren Bedingungen europäischer Wohlstandsdemokratien erprobt werden kann. In diesem Laboratorium lassen sich die zunächst einmal auftuenden Fallstricke eines Aufbaues demokratischer transstaatlicher Autorität beobachten. Und das hat mit dem zu tun, was als Grundlage von „European governance" als unverzichtbar gilt: mit den Regeln der Demokratie.

Der nationale Egoismus ist die Summe aller Motive für den Widerstand, gerichtet gegen den Aufbau eines demokratischen europäischen Bundesstaates. Und dieser Widerstand artikuliert sich demokratisch. Es ist der Populismus, der vor allem durch die Ausgrenzung „der anderen" definiert ist; und der sich als Rechtfertigung für die Nicht-Berücksichtigung „der anderen" einen ideologischen Überbau zurechtgelegt hat: den Nationalismus.

4. Die Demokratie-Falle

Demokratie stellt den politischen Entscheidungsprozess auf die Interessen derer ab, die in den „Demos" eingeschlossen sind. Im Laufe der Entwicklung der modernen Demokratie wurde die Definition des „Demos" zwar ausgeweitet – durch die Überwindung von Besitzstandskriterien (am Beispiel des „Kurien"- oder „Zensus"-Wahlrechtes) und durch die Einbeziehung von Frauen. Ausgeschlossen blieben alle diejenigen, die jenseits des von einem bestimmten demokratischen Systems in Anspruch genommenen Territoriums ihren Wohnsitz haben, bzw. nicht dem Staatsverband angehören („Fremde"). Ausgeschlossen bleiben auch diejenigen, die mangels Alters oder weil noch nicht geboren, sich in der Aktivbürgerschaft nicht zu artikulieren vermögen.

Diese im gegebenen System „westlicher" (pluralistischer, liberaler) Demokratie als quasi selbstverständlich hingenommenen Kriterien des Ausschlusses aus dem „Demos" reiben sich aber mit der im Zuge des wissenschaftlich-technischen Fortschritts wachsenden Raum- und Zeitüberschreitung politisch relevanter Entwicklungen. Der Klimawandel macht nicht an einer bestimmten Grenze halt, und seine Folgen sind nicht nur für die heute Lebenden spürbar. Die vom ungebremsten Wirtschaftswachstum ausgelösten verschärften Verteilungskonflikte sind globale Phänomene und werden zukünftige Generationen noch viel stärker betreffen als die gegenwärtigen. Denkmögliche

Gegensteuerungen aber liegen, der Logik der Demokratie entsprechend, ausschließlich in den Händen nationalstaatlich definierter und ebenso begrenzter BürgerInnen der Gegenwart.

Die moderne Demokratie hat sich auf der Grundlage territorialer Beschränktheit entwickelt. Die Demokratie in der Schweiz war die der Kantone – die Interessen der außerhalb der Kantone Lebenden wurden nicht berücksichtigt. Die britische Demokratie reflektierte die Interessen der Menschen in Großbritannien – die Interessen der anderen (zum Beispiel der in den britischen Kolonien Lebenden) wurden von der Westminster-Demokratie grundsätzlich ignoriert. Sie waren von den Entscheidungen der demokratisch bestellten Institutionen (Regierung, Parlament) betroffen, ohne auf deren Entscheidungen Einfluss nehmen zu können. Der politische Kampfruf der US-Revolution „No Taxation Without Representation" weist in die Richtung dieses schon in der Frühgeschichte der modernen Demokratie beobachtbaren Defizits: Betroffenheit und Beteiligung stimmten nicht überein.

Die Demokratie wird zur Falle für diejenigen, die aus dem „Demos", aus der „citizenship" ausgeschlossen sind: Die sie treffenden Entscheidungen gelten als demokratisch legitim – trotz des Ausschlusses von Betroffenen. Für die Ausgeschlossenen ist dies grundsätzlich nicht anders, als würden sie in einer Diktatur leben.

5. Die Grenzen von Raum und Zeit

In der Demokratie der Gegenwart hat sich, als Folge der explosionsartigen technologischen Entwicklung, die Schere zwischen Betroffenheit und Beteiligung weit aufgetan. Politische Entscheidungen einer staatlichen Macht haben unmittelbare Folgen für die BürgerInnen von Staaten jenseits der territorial definierten Grenzen dieser Macht. Die Politik nimmt immer deutlicher Weichenstellungen vor – von der Frage der Ressourcennutzung bis zum „biological engineering", die für noch nicht geborene Generationen von massiver Bedeutung sind.

In der Demokratie der Gegenwart ist die Deckungsgleichheit von Politik, Raum und Zeit ganz offensichtlich verloren gegangen. Damit stellt sich auch eine Errungenschaft der modernen Demokratie – das allgemeine und gleiche Wahlrecht – als bloß begrenzter Erfolg heraus: Betroffene jenseits der Grenzen eines demokratisch verfassten Staates können dessen Entscheidungen ebenso wenig unter Nutzung der Spielregeln der Demokratie beeinflussen wie Betroffene der Zukunft.

Das ist, wenn es um die Folgen grenzenlosen Wachstums geht, besonders eindringlich. Die Zerstörung von Ressourcen war immer ein Problem der Gesellschaft wie es die Zerstörung der Wälder in weiten Bereichen des Mittelmeerraumes vorführt. Aber im 21. Jahrhundert ist eine Dimension dieser Zerstörung deutlich, die einen Qualitätssprung anzeigt. Am Beispiel der technisch nicht gelösten Müllverwertung – vom Plastik- bis zum Atommüll – wird dies deutlich. Die fortgeschrittenen Industriestaaten, fast durchwegs demokratisch verfasst, „helfen“ sich durch die Ab- und Verschiebung des Problems: Müllentsorgung zu Lasten Afrikas oder zu Lasten der kommenden Jahrhunderte oder auch Jahrtausende.

Die Unfähigkeit der bisher erfahrenen Demokratie, die Grenzen von Zeit und Raum zu überschreiten, ist erkennbar: Die individuelle Nutzenmaximierung bestimmt den demokratischen Entscheidungsprozess innerhalb eines territorial definierten Gemeinwesens, also eines Staates, ebenso wie die entsprechenden Nutzenkalküle der lebenden Generationen. Es kann nicht erwartet werden, dass Parteien ihre Wahlaussichten bewusst verringern, wenn sie den Vorteil der eigenen, national definierten Klientel – also des eigenen Landes – einem Vorteil nachordnen, der anderen Ländern zukommen könnte. Ebenso muss davon ausgegangen werden, dass die vitalen Interessen zukünftiger Generationen im Zweifel den konkret messbaren Interessen der hier und jetzt Wählenden nachgereiht werden. Die Demokratie, wie wir sie kennen, ist offenkundig nicht fähig, die Grenzen von Raum und Zeit zu überspringen. Die Demokratie ist in ihrem gegenwärtigen Entwicklungsstand nicht in der Lage, ihre territorialen und die generationsspezifischen Begrenztheiten zu überwinden.

Die Folgen dieser Erkenntnis sind fatal. Sie können entweder zur politischen Resignation oder zur Abkehr von der Demokratie führen: Resignation bedeutet, die vitalen transnationalen Interessen ebenso abzuschreiben wie die entscheidenden Interessen zukünftiger Generationen. Abkehr von der Demokratie bedeutet, dass für die Sicht dieser Interessen die Demokratie abgeschrieben wird, dass die Demokratie einer sich benevolent verstehenden Diktatur Platz machen könnte. Um den außer Kontrolle geratenden Folgen eines unbegrenzten Wirtschaftswachstums politisch entgegentreten zu können, könnte – so eine Denkmöglichkeit – von der Demokratie Abschied genommen werden.

6. Die Totalitarismus-Falle

Ein Abschied von der Demokratie, um die Menschheit zu retten, wäre in doppelter Hinsicht eine katastrophale Weichenstellung. Mit der Aufgabe der (liberalen, „westlichen") Demokratie würde die historisch bewährteste aller bekannten politischen Ordnungen aufgegeben werden; eine Ordnung, zu deren Stärke auch die Einsicht in die eigene Unvollkommenheit zählt. Der alternative Weg führt zu Fundamentalismus und Totalitarismus – dazu, dass an die Stelle der Demokratie ein System mit Perfektionsanspruch treten würde, ja treten müsste; ein System, das sich an seinem Versprechen der Vollkommenheit zu messen hätte und – weil dieses Versprechen nicht einzuhalten ist – in den totalen Terror abgleiten müsste.

Eine im Sinne der negativen Utopien Aldous Huxleys, George Orwells und Magaret Atwoods organisiertes System, das auf einer wie auch immer begründeten, absoluten Gewissheit beruht, muss zur Tyrannis werden; zu einer Tyrannis, die – weil ausgestattet mit den entsprechenden technologischen Instrumenten – notwendigerweise eine totalitäre wäre. Im Versprechen, die Welt vor dem zerstörerischen Wirtschaftswachstum zu retten; auch im Versprechen, die Menschheit in ihrer Gesamtheit vertreten zu wollen – einschließlich der zukünftigen Generationen –, muss eine solche Ordnung extrem repressiv werden. Wer den Vorgaben der Retter der Menschheit nicht entspricht, wird folgerichtig zu einem Feind der Menschheit. Politischer Pluralismus und politische Freiheit wären am Ende.

Mit diesem Weg in den Totalitarismus würde aber eine zur Rettung der menschlichen Zukunft angetretene Diktatur auch unfähig, ihre inhaltliche Aufgabe – eben die Eindämmung, Verhinderung und Rückführung der zerstörerischen Wachstumstendenzen – erfüllen zu können. Alle Erfahrungen mit den im Zeichen „politischer Religionen" auftretenden Totalitarismen des 20. Jahrhunderts zeigen, dass der mit der totalitären Diktatur Hand in Hand gehende Verlust immanenter Korrekturmöglichkeit auch zur Ineffizienz des Gesamtsystems führt.

Politik braucht, um – im Sinne einer Optimierung der Ergebnisse von Entscheidungen – erfolgreich zu sein, eine politische Kultur des Diskurses; eine Kultur des Dialogs über das Für und Wider der möglichen Entscheidungen. Alle Erfahrungen des 20. Jahrhunderts zeigen, dass die modernen Diktaturen extrem hohe Kosten für die Menschheit brachten – und ihre Effizienz dennoch eine ebenso extrem negative Bilanz aufwies. Eine zur Rettung der Menschheit antretende Weltdiktatur würde das Ende von Demokratie und Freiheit bedeuten – und dennoch keinen Ausweg aus den drohenden Negativszenarien einer im unkontrollierten Wirtschaftswachstum sich selbst zerstörenden Welt bieten. Die globale Diktatur bietet keine Lösung – ebenso wenig wie die sich in ihre territoriale und zeitlich begrenzte Demokratie souverän gebender Staaten.

7. Postmaterialismus als Hoffnungsschimmer?

Die von Ronald Inglehart veröffentlichten Analysen eines weltweiten „Wertewandels“ weisen auf einen möglichen „dritten Weg“ zwischen der Demokratie- und der Totalitarismusfalle, und zwar auf der Grundlage einer sich zunehmend globalisierenden Demokratie. Inglehart (und sein Team) haben beobachtet, dass in den letzten beiden Jahrzehnten des 20. Jahrhunderts eine wachsende Minderheit von Menschen in den Wohlstandszonen der Welt ihre Wertprioritäten verschoben haben. Im kausalem Zusammenhang mit den Bestimmungsfaktoren Wohlstand und Bildung neigen immer mehr Menschen dazu, die als „materialistisch“ eingestuften Werte (z.B. Besitz, Einkommen, soziale Sicherheit) für weniger wichtig (weil individuell relativ gesichert) und die „postmaterialistischen“ Werte (z.B. Menschenrechte, Umwelt, soziale Gerechtigkeit) für wichtiger zu sehen.

Die Werthaltung des Materialismus ist grundsätzlich individualistisch – es geht um den eigenen, individuellen, primär materiell definierten Status. Die Werthaltung des Postmaterialismus verschiebt diese individualistische Perspektive in Richtung einer sozialen, grundsätzlich universalistischen Perspektive. Menschenrechte und Umwelt können nicht individuell und national, sie müssen universell definiert werden.

Für die Logik der Demokratie der Gegenwart bedeutet dies, dass eine bestimmte Politik mehrheitsfähig und damit demokratisch legitim werden könnte, die nicht nur den kurzfristigen, primär materiellen Interessen der gesellschaftlichen Mehrheit entspricht. Und das lässt sich ja in aktuellen politischen Trends beobachten: Die Politik in den liberalen Demokratien ist heute Minderheiten gegenüber freundlicher eingestellt als dies noch vor einigen Jahrzehnten der Fall war. Das gilt für ethnische ebenso wie für religiöse Minderheiten wie auch für Menschen, deren sexuelle Orientierung nicht die der Mehrheit ist.

Dieser Trend bedeutet nicht, dass alle Phänomene rechtlicher oder realer Diskriminierung von Minderheiten beseitigt sind. Die politische Entwicklung insgesamt weist aber in diese Richtung. Das kann an zwei Beispielen verdeutlicht werden.

Die in den 1950er Jahren sich voll entfaltende Bürgerrechtsbewegung in den USA hatte deshalb Erfolge, weil ihre Argumente nicht mehr nur die einer ghettoisierten („schwarzen") Minderheit waren; weil eine wachsende Zahl von Angehörigen der („weißen") Mehrheit den Druck auf das politische System im Sinne der Bürgerrechtsbewegung verstärkte. Die Resultate waren eindeutig – vom Urteil des Supreme Court, 1954, der die administrative Rassentrennung als verfassungswidrig erklärt, über die Gesetzgebung der 1960er Jahre bis hin zur verstärkten Präsenz von Minderheiten in allen, auch den einflussreichsten Segmenten der US-amerikanischen Gesellschaft.

Die in den letzten beiden Jahrzehnten des 20. Jahrhunderts einsetzende Politik einer verstärkten Rücksichtnahme auf die Interessen von Menschen mit Behinderung – etwa am Beispiel der in den 1980er Jahren zunächst neuen Bestimmungen über die Zugänglichkeit öffentlicher Gebäude für Menschen in Rollstühlen – reflektiert dieselbe Entwicklungslogik: Ginge es nur um die Interessen und Stimmen der relativ kleinen Minderheit etwa der Menschen in Rollstühlen, dann könnte diese Entwicklung nicht erklärt werden. Aber die Minderheitsinteressen wurden von einer Mehrheit akzeptiert und zu den eigenen Interessen gemacht, obwohl diese Mehrheit zunächst überhaupt keine materiellen Interessen haben konnte, „rollstuhlgerechte" Zugänge in allen öffentlichen Gebäuden aus Steuermitteln zu finanzieren.

Demokratie besteht im Sammeln von Stimmen. Diese sind das Produkt von individuellen Interessen. Diese Interessen aber können sich durchaus von einer kurzfristigen, ausschließlich am eigenen materiellen Wohlbefinden orientierten Motivation emanzipieren. Die Entwicklung des Postmaterialismus zeigt, dass ein Demokratiebefund nicht an der Dynamik der Verschiebung von Prioritäten vorbeigehen kann.

Dennoch ist eine besondere Ambivalenz des Postmaterialismus in Rechnung zu stellen: Wachstum schafft Wohlstand, Wohlstand schafft Postmaterialismus. Der Postmaterialismus ist ja auch als Folge der Befriedung materieller Primärinteressen einer wachsenden Zahl von Menschen zu sehen. Ist daher zu erwarten, dass postmaterialistisch bestimmte Gesellschaften einer das Wachstum signifikant einschränkenden Politik zustimmen, die dadurch die Wurzeln des Postmaterialismus zu zerstören droht?

8. Merkmale von demokratisch legitimer global governance

Global governance braucht eine repräsentativ demokratisch legitimierte Instanz, die – unabhängig von kurzfristigen Popularitätszwängen – nach generell-abstrakten Grundsätzen zu entscheiden hat. Diese Normen sind, ähnlich allgemeinen Verfassungsgesetzen, jeweils konkret zu interpretieren. Die Grundsätze von global governance und ihre Interpretation stehen unter dem generellen Auftrag, globalen und zukünftigen Betroffenheiten zu entsprechen. Dadurch wird die Raum-Zeit-Beengung gesprengt, unter der die Nachhaltigkeit der heutigen Demokratie leidet.

Dabei ist von einem unvermeidlichen Spannungsfeld zwischen demokratischem Anspruch und nachhaltiger Effizienz auszugehen. Die Normen sind von einem Gremium zu verabschieden, das – ähnlich der Generalversammlung der Vereinten Nationen – den Anspruch hat, ein „Weltparlament“ zu sein; das aber, anders als die Organe der UN, nicht Staaten, sondern Menschen repräsentiert. Welche Formeln für die Bestellung eines solchen Weltparlaments anzuwenden sind, kann nicht einfach abstrakt und auch nicht endgültig entschieden werden – zu sehr betritt mit dieser globalen Dimension die Demokratie Neuland. Es muss auch davon ausgegangen werden, dass die Bestellung eines solchen demokratisch legitimierten Gremiums wohl auf längere Sicht nur als indirekter Wahlvorgang vorstellbar ist.

Hier kommt den Erfahrungen, die im europäischen Integrationsprozess gewonnen werden konnten, ein wesentlicher Stellenwert zu. Auch die Verdichtung und die Erweiterung einer Europäischen Gemeinschaft zu einer fast ganz Europa umfassenden Europäischen Union waren durch ein methodisches Vortasten gekennzeichnet – wie etwa die Weiterentwicklung der zunächst nur indirekt bestellten Parlamentarischen Versammlung zu einem direkt gewählten Parlament; wie etwa die Herstellung einer Balance zwischen der Vertretung von Staaten (und ihrer Regierungen) im Rat und der Menschen, als der Wählerinnen und Wähler, im Parlament. Es entspricht der mit dem Namen Jean Monnet verbundenen Methode, einen Prozess in Gang zu setzen, dessen weitere Schritte im Detail nicht a priori planbar sind – also der Methode der „nicht intendierten Folgen“. Eben deshalb kann und muss akzeptiert werden, dass auch die Entwicklung einer demokratisch legitimen global governance nur in einzelnen Schritten machbar ist; Schritte, die sich jeweils erst aus den Resultaten des jeweils vorigen Schrittes ergeben.

Die Entscheidungsfindung wird wohl immer nur aus einem Mix aus parlamentarisch getroffenen Grundsatzentscheidungen und exekutiv getroffenen, judikativ kontrollierten Ausführungsentscheidungen bestehen können. Dabei bietet der US-amerikanische Supreme Court Erfahrungswerte darüber, wie ein diskursives, offenes, auch öffentliches Verfahren Legitimität nicht primär durch die inhaltlichen Entscheidungen, sondern durch das Verfahren gewinnt.

Eine mehr ins Detail gehende Skizzierung von demokratisch legitimer global governance ist nicht sinnvoll – weil es zunächst um die Herstellung der Voraussetzungen geht: um die Bereitschaft der derzeit nach wie vor dominanten weltpolitischen Akteure, der Staaten, sich auf eine Machtverschiebung zugunsten eines universell agierenden Systems einzulassen. Die Bedingung dafür aber ist die sich gesellschaftlich verbreitende Einsicht, dass individuelle und nationale Egoismen eine Sicherung der menschlichen Zukunft verhindern.

9. Szenarien

Die Zukunft ist offen. Um der Breite der Zukunftsmöglichkeiten zu entsprechen, können Szenarien entwickelt werden, die den Rahmen der globalen Zukunft abstecken:

- Negatives Szenario, erster Schritt: Die politischen Regeln des Status quo werden prinzipiell fortgeschrieben. Die Einsicht in die zerstörerischen Folgen eines ungebremsten Wirtschaftswachstums führt nicht zu einer ausreichend starken politischen Motivation, das Nebeneinander staatlicher Systeme zugunsten einer globalen Föderation zu verschieben. Die Staaten bleiben die wesentlichen Akteure, obwohl sie strukturell unfähig sind, die Grenzen von Raum und Zeit zu überwinden. Die im Prinzip für notwendig erachteten Maßnahmen zur globalen Kontrolle des Wirtschaftswachstums können politisch nicht umgesetzt werden.
- Negatives Szenario, zweiter Schritt: Die Folgen des Szenarios Nummer 1 führen zu zunehmend außer Kontrolle geratenden Kämpfen um die Ressourcenverteilung. Dies steigert die Wahrscheinlichkeit eines gewaltsam errichteten Systems einer letztlich totalitären Weltdiktatur. Deren Anspruch, eine „gerechte“ und nachhaltige Weltordnung herzustellen, scheitert – unter unvorstellbar hohen Kosten für die gesamte Menschheit. Es wird nicht gelingen, den Teufel des ungebremsten Wachstums mit dem Beelzebub des Totalitarismus auszutreiben.

- Positives Szenario: Die in ihrer Zerstörung erkennbaren Konsequenzen des ungebremsten Wirtschaftswachstums führen zu einem Umdenken innerhalb der Staaten. Durch die Verschiebung der Wertprioritäten, gestützt auf die Einsicht in die langfristigen Interessen der Menschheit, wird es möglich, die territorialen und zeitlichen Begrenzungen der individuellen und nationalen Egoismen schrittweise zu überwinden. Die sich abzeichnende Katastrophe der Weltzerstörung provoziert einen Qualitätssprung menschlichen Bewusstseins – analog dem Qualitätssprung, der die Bändigung europäischer Nationalismen durch den Prozess der europäischen Integration in Gang gesetzt hat.

Es wäre naiv, anzunehmen, dass es innerhalb der nächsten, konkret vorhersehbaren Zukunft zu einer eindeutigen Weichenstellung in die eine oder andere Richtung kommen könnte. Noch ist die Einsicht in die katastrophale Konsequenz eines unbegrenzten Wirtschaftswachstums nicht tief und breit genug, um einen Bewusstseinsschub zu ermöglichen, der eine Entwicklung ermöglicht, wie sie im positiven Szenario skizziert ist – in Richtung auf demokratisch legitime global governance. Und noch zeichnet sich nicht eine Autorität ab, die es auf sich nehmen wollte und könnte, mit dem Anspruch auf die notwendige Rettung der Menschheit nach der Weltdiktatur zu greifen.

Wenn das negative Szenario als unbedingt zu verhindern, das positive Szenario aber als ebenso unbedingt wünschenswert gesehen wird, dann ist es notwendig, den Diskurs über die Gefahren eines unbegrenzten Wirtschaftswachstums zu verbreitern und zu vertiefen. Bloßes Zuwarten verstärkt die Wahrscheinlichkeit des negativen Szenarios – und schwächt die Möglichkeit, wie sie im positiven Szenario formuliert ist.

Literatur

Büchele, Herwig: Sehnsucht nach der Schönen Neuen Welt. Thaur, 1993.

Büchele, Herwig; Pelinka, Anton (Hg.): Friedensmacht Europa: Dynamische Kraft für Global Govenance? Innsbruck, 2011.

Inglehart, Ronald: Modernization and Postmodernization. Cultural, Economic, and Political Change in 43 Societies. Princeton,1997.

Koestler, Arthur: The Call Girls. New York, 1973.

Pelinka, Anton: Europa. Ein Plädoyer. Wien, 2011.

Toobin, Jeffrey: The Nine. Inside the Secret World of the Supreme Court. New York 2001.

Rückkehr zur Energie aus dem Wald – mehr als ein Holzweg?

Gerhard Glatzel

Die Energiewende

Der Begriff „Energiewende" war Titel einer vom deutschen Öko-Institut (http://www.oeko.de) 1980 erarbeiteten, wissenschaftlichen Prognose zur vollständigen Abkehr von Kernenergie und Energie aus Erdöl. Das Konzept wurde auch als Taschenbuch veröffentlicht[1]. Ursprünglich war der Ausstieg aus der Kernenergie die vorherrschende Motivation. Mit zunehmenden Erkenntnissen über die Klimaerwärmung wurde das Thema „Klimaschutz" immer aktueller. Die unausweichliche Erschöpfung fossiler Energiequellen und die Abhängigkeit von Öl- und Gasimporten aus politisch instabilen Weltgegenden sind weitere starke Argumente für die Energiewende.

Da die Gefahren von Atomkraftwerken in verschiedenen Ländern unterschiedlich dargestellt und wahrgenommen wurden, war es nicht möglich, globale Abkommen über den Ausstieg aus der Kernenergie zu erzielen. Daher wurde die Erderwärmung durch die Emission von Treibhausgasen sehr bald zum beherrschenden Argument der Energiewendediskussion. 1997 wurde von den Vereinten Nationen das „Kyoto Protokoll" (ein Zusatzprotokoll zur United Nations Framework Convention on Climate Change) beschlossen, das alle Vertragspartner verpflichtet, regelmäßige Berichte zu veröffentlichen, in denen Fakten zur aktuellen Treibhausgasemission und Trends enthalten sein müssen. Das Hauptgewicht liegt auf der Reduktion des Ausstoßes von Treibhausgasen, insbesondere von CO_2 aus fossilen Energieträgern. Allerdings wurde das Protokoll von einer Reihe von Staaten nicht unterzeichnet oder ratifiziert (darunter die USA, die für etwa ein Viertel der weltweiten CO_2-Emissionen verantwortlich sind). Kanada hat sich 2011 aus dem Kyoto-Prozess zurückgezogen.

Für jene Teilnehmerstaaten, die das Protokoll unterzeichnet und ratifiziert haben, sind die darin festgelegten Ziele bindend. In der Praxis bedeutet das, dass die vereinbarten Ziele eingehalten werden müssen, ansonsten treten Sanktionen in Kraft. Die Kyoto-Staaten haben beispielsweise vereinbart, dass Staaten, die ihre Emissionsziele nicht einhalten, eine doppelte Strafe erhalten: Sie müssen dann nämlich in einem neu vereinbarten Zeitraum nicht nur das alte versprochene Ziel erreichen, sondern ihren Ausstoß darüber hinaus noch um zusätzliche 30 Prozent verringern.

Da die in den Kyoto Prozess gesetzten Erwartungen hinsichtlich der globalen Verringerung der Emission von Treibhausgasen nicht erfüllt wurden, bemüht man sich auf den UN-Klimakonferenzen, neue Ziele zu formulieren sowie neue Mitglieder zu gewinnen und zu bindenden Vorgaben zu verpflichten. Dazu schrieb am 26. November 2011 „Die Presse" als Schlagzeile auf ihrer Titelseite: „Klimapolitik ist klinisch tot – Die Verhandlungen über ein globales Klimaschutzabkommen stecken in einer Sackgasse. Ein Ausweg ist auch bei der UN-Konferenz in Durban nicht in Sicht". Eine Woche zuvor, am 19. Oktober 2011, hat der österreichische Nationalrat ein Klimaschutzgesetz (Bundesgesetz zur Einhaltung von Höchstmengen von Treibhausgasemissionen und zur Erarbeitung von wirksamen Maßnahmen zum Klimaschutz; BGBl. I Nr. 106/2011) verabschiedet, das den einzelnen Wirtschaftssektoren ab 2012 verbindliche Einsparziele für Kohlendioxidemissionen vorschreibt. Österreich verpflichtet sich, seine Treibhausgasemissionen bis 2012 um 13 Prozent (gegenüber 1990) sowie bis 2020 um 16 Prozent (gegenüber 2005) zu senken.

Dieser irritierende Widerspruch veranlasst den emeritierten Waldökologen einmal mehr über Klimaschutzpolitik im Allgemeinen, über Energiesparen und über die Rolle von Wäldern als Energiequelle und Kohlenstoffspeicher im Speziellen zu reflektieren.

Klimaschutz: Faktum – Fiktion – Illusion

Faktum ist, dass sich unser Planet gegenwärtig in einer Phase markanter Klimaerwärmung befindet und diese mit dem Anstieg der Konzentration von Treibhausgasen in der Atmosphäre aus anthropogenen Quellen, insbesondere aus der Verbrennung fossiler Energieträger sowie aus industriellen und agrarischen Aktivitäten, gut korreliert. Faktum ist auch, dass sich der Kyoto Prozess bisher als wenig effizient erwiesen hat. Der 17. UN-Klimagipfel in Durban im November 2011, dessen Ziel es war, eine wirksame Nachfolgeregelung zum Kyoto-Protokoll zu finden und global verbindliche Vorschriften für die Reduktion des Ausstoßes von Treibhausgasen zu beschließen, brachte letztendlich eine weitere Verschiebung. Erst 2015 soll ein Weltklimavertrag erarbeitet werden.

Fiktion ist, dass es genügen würde, die Klimaerwärmung zu verhindern, um uns und künftigen Generationen ein Leben in Frieden und Wohlstand zu sichern. Eine sehr verbreitete, aber falsche Vorstellung geht vom „Gleichgewicht der Natur" aus, das durch die industrielle Entwicklung und die damit verbundene Ausbeutung der Natur gestört wurde. Die Meinung, dass sich ohne Störung durch den Menschen in der Natur alles im Gleichgewicht befindet, ist ein naives Idealbild. Auch das „Leben in Harmonie mit der Natur" ist eine Fiktion romantischer Naturvorstellung. Dass Goethes *„Aber die Natur versteht gar keinen Spaß, sie ist immer wahr, immer ernst, immer strenge; sie hat immer recht, und die Fehler und Irrtümer sind immer die des Menschen"* (Goethe zu Eckermann; Gespräche II) immer wieder zitiert wird, entspricht vermutlich unserem inneren Harmoniebedürfnis. Wir verdrängen dabei, dass alles Leben das Ergebnis von Evolution ist, die auf Selektion durch sich laufend ändernde Bedingungen der unbelebten und belebten Umwelt beruht. Aus Goethes Worten die Vorstellung einer harmonischen, im Gleichgewicht befindlichen Natur abzuleiten, die nur vom Menschen gestört wird, ist ein Trugschluss, der von ihm selbst widerlegt wird: *„Gleich mit jedem Regengusse / Ändert sich dein holdes Tal, / Ach, und in dem selben Flusse / Schwimmst du nicht zum zweitenmal*[2]. Das auf den griechischen Philosophen Heraklit zurückgeführte „panta rhei" („alles fließt") ist eine Metapher für die Prozessualität der Welt. Das Sein ist demnach nicht statisch, sondern als ewiger Wandel dynamisch zu erfassen. Einer der Gründerväter moderner Naturwissenschaft, Gottfried Wilhelm Leibniz (1646 – 1716), betonte in seinen biologischen und geologischen Konzeptionen die Dynamik aller Naturvorgänge.

Natürlich gibt es in der Natur Lebensgemeinschaften, die uns aus der Zeitperspektive eines Menschenlebens überaus stabil und gefestigt erscheinen. Wir wandern durch denselben Wald, den wir schon als Kinder mit dem Vater besucht haben und er erscheint uns genau so dicht und grün wie damals. Wenn wir das Glück haben, mehr als tausend Jahre alte Mammutbäume bestaunen zu können, verstärkt sich der Eindruck der Dauerhaftigkeit. Innere Harmonie, nach der wir uns so sehr sehnen, gibt es aber auch in diesen Wäldern nicht. Es herrscht ein gnadenloser Wettbewerb um Ressourcen, es gibt Unterdrückung und Vernichtung. Aber auch als Ganzes sind Wälder nicht unveränderbar stabil, sondern können durch Sturm, Feuer, Lawinen oder Erdbeben, um nur einige der möglichen Umwelteinflüsse zu nennen, zerstört werden. Wir sprechen dann von „Naturkatastrophen", die den „Waldfrieden" jäh gestört haben. Die Vernichtung bestehender Strukturen bietet aber für viele Lebewesen neue Chancen, und aus dem Wettstreit der Pioniere erwachsen allmählich wieder Wälder, die wir, wider besseres

Wissen, als ausdauernde Endstadien ansehen. Der Vergleich mit der Geschichte von Imperien drängt sich auf – nach außen mächtig und auf Dauer konzipiert, innen von Machtkämpfen, Ausbeutung und Unterdrückung geprägt, aber in der Realität meist jäh endend und für Neues Platz machend. Auf den Stoffhaushalt von Wäldern werde ich im Zusammenhang mit dem Sparen noch zu sprechen kommen.

Erhebliche Probleme verursacht für die Klimaschutzdiskussion die vereinfachte Argumentation eines für die künftige Entwicklung der Menschheit unverzichtbaren und daher unbedingt zu erhaltenden Gleichgewichtszustandes. Weil die Klimaforschung in immer größerer Detailliertheit zeigt, dass extreme natürliche Klimaschwankungen in der älteren und jüngeren Vergangenheit häufig waren, wird von vielen Bürgern die gesamte Klimaschutzargumentation (zu Unrecht) angezweifelt. Es rächt sich auch, dass Klimaschutz meist sehr isoliert und singulär existenzbedrohend diskutiert wurde und nicht – im Gesamtkontext aller – die gedeihliche künftige Entwicklung der Menschheit aufgrund bedrohlicher Limitationen und Gefahren.

Illusion ist die Umsetzbarkeit globaler Vorgaben für Treibhausgasemissionen aus der Nutzung fossiler Energieträger. Während auf Klimakonferenzen über verbindliche Nachfolgeregelungen für das auslaufende Kyoto-Protokoll diskutiert wird, sehen wir im Fernsehen Bilder von der Erschließung der Kohlevorkommen in der Mongolei und in Mosambik sowie den Einsatz von „Hydraulic-Fracturing" in überaus ergiebigen neuen Shale-Gas-Feldern. Auch im österreichischen Weinviertel führt die OMV bereits Probebohrungen zur Erschließung der dort vorhandenen Schiefergaslager durch. „Global Governance" als Basis für die einvernehmliche und gerechte Nutzung der Umwelt und der Ressourcen der Erde ist noch immer Utopie, wahrscheinlich sogar Illusion. Der große oberösterreichische Heimatdichter, Franz Stelzhamer (1802 – 1874), hat es vor 150 Jahren auf den Punkt gebracht: *„Oana is a Mensch, mehra hans Leit, alle hans Viech"* (Einer ist ein Mensch, mehrere sind Leute, alle sind Vieh).

Energiesicherheit statt Klimaschutz – Paradigmenwechsel nach Fukushima

Die am 11. März 2011 von einem gewaltigen Erdbeben mit nachfolgender Tsunamiflutwelle ausgelöste Nuklearkatastrophe von Fukushima rückte den Ausstieg aus der Atomkraft, als das ursprünglich wichtigste Argument für die Energiewende, wieder in den Vordergrund. Deutschland fasste am 30. Mai 2011, also weniger als drei

Monate nach Fukushima, den Beschluss, aus der Kernenergie auszusteigen und innerhalb eines Zeitraumes von zehn Jahren seine Kernkraftwerke abzuschalten. Für die deutsche Energiepolitik bedeutete die Entscheidung, dass Energieträgerverfügbarkeit sowie Energiesicherheit als Hauptargumente für die Energiewende in den Vordergrund traten und dass das durch ständige Wiederholung abgenutzte Klimaschutzargument in der öffentlichen Diskussion in den Hintergrund geriet. Die Verringerung der Abhängigkeit von den oft aus politisch instabilen Gegenden bezogenen fossilen Energieträgern und den sich insgesamt erschöpfenden Erdöl- und Erdgasvorräten des Planeten gaben der Forderung nach einem Umstieg auf nicht fossile Energie, insbesondere Solar- und Windenergie, Wasserkraft und Biomasse starken Auftrieb.

Der durch die Nuklearkatastrophe von Fukushima ausgelöste Schock bot die Gelegenheit, über die Energiefrage hinaus auch wieder über den Umgang mit endlichen und nicht erneuerbaren Ressourcen nachzudenken. Neue Technologien für die Erzeugung, Speicherung und Verteilung von Energie, insbesondere von elektrischem Strom, bauen auf der Verwendung von Metallen auf, die nicht unbegrenzt zur Verfügung stehen und bei verstärkter Nachfrage knapp und teuer werden. Die Lagerstätten dieser Rohstoffe sind meist sehr ungleichmäßig auf unserem Planeten verteilt, so dass sich ähnliche Abhängigkeiten von einzelnen Lieferländern ergeben, wie bei Erdöl oder Erdgas.

Ein weiterer wichtiger Aspekt ist die landwirtschaftliche Produktion von Nahrungsmitteln, Viehfutter, pflanzlichen Rohstoffen und Biomasse für die energetische Nutzung. Die praktisch unbegrenzte Verfügbarkeit fossiler Energieträger und deren niedrige Preise, die oft noch durch Subventionen aus öffentlichen Mitteln (Agrardiesel) gestützt wurden, haben es erlaubt, die Produktivität durch großzügigen Einsatz des Betriebsmittels Energie zu intensivieren. Zu Buche schlagen sich auch Düngemittel und Agrarchemikalien für den Pflanzenschutz, deren Herstellung oft mit erheblichem Einsatz fossiler Energie erfolgt. Bei uns ist die Energieeffizienz der landwirtschaftlichen Produktion an sich noch immer relativ gut; man muss aber in einer Gesamtbeurteilung auch den Energiebedarf der Vermarktung hinzurechnen. „Just in Time“ und die Bewerbung und Vermarktung von Obst, Gemüse, Milchprodukten und Fleisch für ganze Supermarktketten zu im Voraus fixierten Zeitpunkten bedingt sehr großen Aufwand für Transporte. Für die Endverbraucher ist in vielen Gegenden Nahversorgung eher die Ausnahme als die Regel. Selbst in ländlichen Regionen muss man mit dem Auto zu den Supermärkten fahren, weil in den kleineren Orten die Gemischtwarenhandlungen, die Bäcker und Fleischer längst zugesperrt haben.

Biologischer Landbau, der versucht, Pflanzennährstoffe zu recyceln und auf Agrarchemikalien zu verzichten, ist ein erfolgreicher Ansatz für den schonenden Umgang mit Ressourcen. Vorbild der Kreislaufwirtschaft sind Wälder, insbesondere tropische Regenwälder. Die aus dem Boden aufgenommenen und in die Baumkronen transportierten Nährstoffe gelangen mit dem Laubfall wieder auf den Waldboden. Dort zersetzen komplexe Lebensgemeinschaften von Insekten, Würmern, Bakterien und Pilzen, um nur einige beteiligte Organismengruppen zu nennen, die organische Substanz, und die Pflanzennährstoffe werden wieder für die Wurzeln verfügbar. Ein dichter Wurzelfilz sorgt im Verein mit symbiotischen Pilzen – der Mykorrhiza – dafür, dass möglichst wenige Pflanzennährstoffe ausgewaschen werden und dem System verloren gehen. Die Tatsache, dass sich in Waldbächen Fische ernähren können, zeigt, dass der Stoffkreislauf in Waldökosystemen nicht völlig geschlossen ist und Nährstoffe ausgetragen werden. Die geringen Verluste können aber selbst auf den alten und ausgelaugten Böden der Tropenwälder durch Nährstoffeinträge aus Niederschlägen und anderen Quellen ausgeglichen werden. Verlagerung von Nährstoffen mit verwehtem Laub oder dem Transport durch Tiere sorgt dafür, dass nicht alle Wälder gleich fruchtbar sind. Daher sind auch Wälder an Unterhängen fruchtbarer als die an Oberhängen. Die Wahrscheinlichkeit, dass Laub hangabwärts transportiert wird, ist einfach größer als die der Verlagerung hangaufwärts gegen die Schwerkraft. Wandelt man Tropenwälder in Ackerland um, kommt es ohne Düngung sehr rasch zum Verlust der Bodenfruchtbarkeit, weil ausgelaugte Tropenböden Nährstoffe schlecht speichern oder neu durch Verwitterung zur Verfügung stellen. Die Ernte der Agrarprodukte unterbricht das weitgehend geschlossene Kreislaufsystem der Wälder und schafft ein offenes System, das auf die Ergänzung der bei der Ernte entzogenen Nährstoffe angewiesen ist. Das wussten schon unsere Vorfahren, die Nährstoffverluste durch Düngung mit Stallmist, der oft unter Verwendung der Laubstreu aus Wäldern erzeugt wurde, ausglichen. Bodenversauerung wurde durch Ausbringung von Mergel kompensiert. Die Ausdrücke „Mistvieh" (ein altes Tier, das nur mehr für die Misterzeugung taugte) und „ausgemergelt" (mangels Mergelung durch Zufuhr von Mergel – einem kalkhaltigen Tongestein – unfruchtbar gewordener Boden) haben sich bis heute, losgelöst von der ursprünglichen Bedeutung, erhalten. Es ist an dieser Stelle nochmals anzumerken, dass ein weitgehend geschlossener Stoffkreislauf innerhalb eines Ökosystems nicht mit „Nullwachstum" gleichzusetzen ist. Innerhalb des Systems gibt es Wachstum, erbitterte Konkurrenz, Unterdrückung, Parasitismus und vieles mehr, was wir in der menschlichen Gesellschaft als „Garstigkeiten" ansehen würden, die mit den Menschenrechten nicht zu vereinbaren sind.

Hinsichtlich des Energie- und Kohlenstoffhaushaltes sind aus dem Vergleich mit Wäldern allerdings andere Schlüsse zu ziehen. Kohlenstoff, und damit Energie, wird nicht innerhalb des Waldes im Kreislauf geführt. Kohlenstoff wird beim Abbau der organischen Substanz als CO_2 freigesetzt und gelangt in die Atmosphäre, wo es sich verteilt und bis zur Fixierung durch Pflanzen oder in Sedimenten länger verweilt. Die Energie für ihr Wachstum beziehen die Bäume von der Sonne. Für das Leben nutzbare Energie können sie nur in ihren lebenden Geweben speichern und nicht aus toter Pflanzenmasse gewinnen. Die in der abgestorbenen Biomasse gespeicherte Energie wird von den Bodenorganismen genutzt und ist für diese unersetzbar. Wenn die Lebensbedingungen für die Zersetzer ungünstig sind, sammelt sich tote Biomasse in Wäldern an. Ist die Ursache des gehemmten Abbaus Trockenheit, sammelt sich brennbares Material an und der darin gebundene Kohlenstoff wird bei Waldbränden in Form von CO_2 in die Atmosphäre freigesetzt. Ist Vernässung des Bodens die Ursache, entsteht Torf. Die Kohlelagerstätten – der „unterirdische Wald"[3] – sind Resultat dieses Prozesses. Bei Sauerstoffmangel entsteht beim Abbau der Biomasse auch Methan, ein weiteres sehr wirksames Treibhausgas. Wälder unterscheiden sich von den anderen Ökosystemen der Erde auch darin, dass sie besonders große Mengen an Biomasse ansammeln können, also wichtige Kohlenstoff- und Energiespeicher sind. Der Hauptspeicher dabei ist Holz, ein Stoff, der in mehreren hundert Millionen Jahren dauernder Evolution auf hohe Festigkeit, Dauerhaftigkeit und minimale Bindung von Pflanzennährstoffen optimiert wurde. Daher waren Wälder für die meiste Zeit der Menschheitsgeschichte die wichtigsten Energie- und Rohstoffquellen.

Spare in der Zeit, so hast du in der Not

Energiesparen ist eine wesentliche Voraussetzung für die Energiewende. Energiesparen dient dem Klimaschutz, und die Abhängigkeit von fossilen Energieträgern wird verringert. Obwohl Energiesparen seit vielen Jahren gefordert und beworben wird, ist der Verbrauch fossiler Energieträger im selben Zeitraum nicht wesentlich zurückgegangen, in vielen Ländern sogar gestiegen. Dafür gibt es mehrere Ursachen.

Zunächst ist der Begriff „Sparen" schwammig und lässt sich durchaus unterschiedlich interpretieren. Unsere Eltern, die Lehrer in der Schule und auch die Sparkassen haben uns „Spare in der Zeit, so hast du in der Not" vorgesagt und das fleißige Eichhörnchen als Beispiel gezeigt. Diese Art des Sparens ist auf das Anlegen von Vorräten für schlechtere Zeiten gerichtet. Es ist im Tierreich weit verbreitet, und auch die Menschen konnten den Winter oder Dürreperioden nur überstehen, wenn sie einen Teil der Nahrungsmittel nicht gleich konsumierten, sondern einlagerten. Auch das Geld, das wir aufs Sparbuch einzahlen, wollen wir später einmal – mit Zinsen – genießen. Diese Art des Sparens ist also nicht Konsumverzicht, den wir im Hinblick auf den Klimaschutz und die Verringerung der Abhängigkeit von fossilen Energieträgern eigentlich erreichen wollen.

Am Beispiel des Energiesparens durch bessere Wärmedämmung von Häusern lässt sich das Dilemma veranschaulichen. Wenn wir unsere Wohnung besser isolieren, sparen wir an der für die Heizung benötigten Energie. Da wir die Energie kaufen müssen, ersparen wir auch Geld. Das ersparte Geld vernichten wir aber nicht, sondern denken über andere Verwendungen nach. Vielleicht können wir uns ein größeres Auto leisten oder eine Fernreise oder den Swimmingpool beheizen? Wenn wir das ersparte Geld für den Kauf eines Ölbildes verwenden, käme das in erster Annäherung tatsächlich einer Verringerung unseres Energiekonsums gleich. Aber was macht der Verkäufer des Ölbildes? Vielleicht kauft er sich ein größeres Auto oder macht eine Fernreise. Solange wir uns durch Energiesparen auch Geld ersparen, wird der Gesamtenergieverbrauch nicht sinken. Das bedeutet natürlich nicht, dass bessere Isolierung von Häusern sinnlos ist. Allein die höhere Sicherheit in Krisenzeiten rechtfertigt den Aufwand. Als Maßnahme zur Senkung des Energieverbrauches in Österreich taugt bessere Wärmedämmung allerdings kaum. Wenig Energie verbrauchen nur Arme. Das wird besonders deutlich, wenn man den Energieverbrauch in verschiedenen Ländern den Familieneinkommen gegenüber stellt.

Beim Klimaschutz schlug man einen neuen Weg ein. Im Vergleich zu früheren Maßnahmen zur Verhinderung oder Verminderung schädlicher Stoffe in der Atmosphäre, die sich an verbindlichen Grenzwerten orientierten, welche wiederum auf Grundlage wissenschaftlicher Erkenntnisse und technischer Machbarkeit definiert und gegebenenfalls nachjustiert wurden, schlug man bei CO_2 und anderen Treibhausgasen den Weg des Emissionshandels ein. Damit wurden Grenzwertüberschreitungen nicht grundsätzlich verboten, sondern verursachen nun Kosten, weil Emissionsberechtigungen, die von der EU in einem komplexen Regelwerk definiert werden, gekauft werden müssen. Die Erlöse sollen Klimaschutzaktivitäten zufließen. Die Möglichkeit, im

Emissionshandel Geld zu verdienen, wurde von Geschäftsleuten rasch erkannt und führte zu einem breiten Angebot an Investitionsmöglichkeiten, für die Lobbyisten und sektorale Interessensvertretungen in Brüssel und in den nationalen Regierungen werben. Besonders erfolgreiche (oder von Lobbyisten erfolgreich vermarktete) Konzepte schaffen die Aufnahme in Empfehlungen oder Richtlinien der EU. Ein bekanntes Beispiel ist E10, ein für Automotoren vorgesehener Kraftstoff, der einen Anteil von 10 % Bioethanol enthält und damit zu den Ethanol-Kraftstoffen zählt. Er wurde 2011 in Deutschland im Zusammenhang mit den Erfordernissen der EU-Biokraftstoffrichtlinie eingeführt, um den fossilen Rohstoffverbrauch und CO_2-Emissionen zu reduzieren.

Grundsätzliches Problem aller Maßnahmen ist, dass sie als Einzelmaßnahme Senkungen der treibhauswirksamen CO_2-Emissionen bewirken, aber im Gesamtkontext der Ressourcenpolitik oft nicht evaluiert werden. E10 erlaubt weiterhin, mit übergroßen Autos zu fahren, weil es keine Grenzwerte für den maximal zulässigen Treibstoffverbrauch pro Personenkilometer gibt. Bekanntermaßen werden die Automotoren zwar effizienter, die Autos selbst aber größer. Bei Biotreibstoffen wurden auch die Auswirkungen auf die Nahrungsproduktion und die Bodennutzung in Entwicklungsländern viel zu wenig berücksichtigt.

Persönlich sehe ich den Wechsel von Grenzwertregelungen zum Emissionshandelskonzept als bisher schwerste Sünde der Ressourcen-, Umwelt- und Klimaschutzpolitik.

Zurück zur Energie aus Biomasse

Holz und die daraus hergestellte Holzkohle waren in Österreich bis zur Mitte des 19. Jahrhunderts die einzigen Quellen thermischer Energie für den Bedarf von Gewerbe und Industrie. Wasserkraft, Menschen, Arbeitstiere und in bescheidenem Ausmaß auch Windmühlen leisteten die mechanische Arbeit. Nach einer Statistik des Österreichischen Ökologie-Institutes betrug der Energieverbrauch des heutigen Österreich zur Mitte des 19. Jahrhunderts, also vor der Verwendung fossiler Energieträger, etwa 110 pJ (Billiarden Joule), die praktisch zur Gänze durch Biomasse aus dem Wald bereitgestellt wurden. Aktuell beträgt der Energieverbrauch etwas mehr als 1.200 pJ; er ist also um den Faktor 10 größer. Fossile Energieträger, zunächst Stein- und Braunkohle, dann Erdöl und Erdgas lösten Holz als Brennstoff rasch ab, und im 20. Jahrhundert ersetzten mit flüssigem Kraftstoff betriebene Motoren die Wasserräder und Dampfmaschinen in

Industriebetrieben die menschliche Arbeitskraft und die Arbeitstiere. Die Wasserkraft blieb nur in der Elektrizitätswirtschaft konkurrenzfähig, weil die Energieverteilung in dünnen Drähten unüberbietbare Vorteile bietet. Da nahm man gerne in Kauf, dass sich elektrischer Strom viel schlechter speichern lässt als Holz, Kohle oder Flüssigkraftstoffe. Ab der zweiten Hälfte des 20. Jahrhunderts lieferten Kernkraftwerke wachsende Beiträge zur Stromversorgung. In Ländern mit geringen Potentialen für Wasserkraftanlagen und großer Abhängigkeit von importierten fossilen Energieträgern nahm man die Risiken des Umganges mit radioaktiven Stoffen in Kauf. Erst im 21. Jahrhundert begannen Windkraft- und Solaranlagen nennenswerte Beiträge zum Energiebedarf von Industrieländern zu leisten.

Der unersättliche Energiehunger der entwickelten Welt und die Zielsetzungen der Energiewende haben auch das Interesse an Bioenergie, also Energie aus pflanzlicher Biomasse, wieder in den Vordergrund gerückt. Theoretisch ist diese Energiequelle CO_2-neutral, weil das bei der Verbrennung freigesetzte CO_2 beim Wachstum der Pflanzen wieder gebunden wird. Wegen des Energiebedarfes der agrarischen Produktion und der aus Düngemitteln und Prozessabläufen freigesetzten Treibhausgase wird die CO_2-Neutralität oft weit verfehlt.

Um die Nachfrage nach flüssigen, und damit leicht zu lagernden sowie für Kraftfahrzeuge verwendbaren Treibstoffen zu bedienen, setzt man vermehrt auf Bioethanol. Biodiesel erreichte nie besonders hohe Marktanteile, weil er aus Pflanzenfetten gewonnen wird, für die auch sonst gute Nachfrage besteht. Angesichts der Tatsache, dass Bioethanol der ersten Generation (aus Getreide, Zuckerrohr oder Zuckerrüben gewonnener Äthylalkohol) in Europa nicht in ausreichenden Mengen erzeugt wird – und angesichts der Konkurrenz zur Nahrungs- und Futtermittelproduktion sowie des in Summe eher bescheidenen Beitrages zum Klimaschutz – wird Alkoholgewinnung aus Nahrungs- und Futtermitteln zunehmend als Sackgasse gesehen. Kritische Stimmen aus der Entwicklungspolitik, die vor der Verlagerung von Bioethanolproduktion in Entwicklungsländer warnen, haben die Skepsis gegenüber Bioethanol der ersten Generation noch verstärkt.

Biotreibstoff aus dem Wald – ein Ausweg oder Holzweg?

Wegen der Kritik an Bioethanol aus Nahrungs- oder Futterpflanzen wird in Brüssel jetzt vehement für Bioethanol der zweiten Generation Lobbying betrieben. Das Bioethanol soll dabei aus der gesamten oberirdischen Biomasse von mehrjährigen Pflanzen gewonnen werden, die nicht als Nahrungs- und Futtermittel dienen. Neben mehrjährigen Gräsern, wie Chinaschilf *(Miscanthus sp.)* oder Rutenhirse *(Panicum virgatum,* ein nordamerikanisches Präriegras), sollen vor allem Energieholzplantagen, meist als Ausschlagkulturen von Weiden und Pappelklonen, den nötigen Rohstoff liefern. Dafür sollen nach den Konzepten der Bioalkoholindustrie bisher als Weide- und Ackerland sowie als Wald genutzte Flächen in Energiepflanzenkulturen mehrjähriger Pflanzen umgewandelt werden. Nur wenn die Mitgliedsstaaten der EU diesbezüglich regelkonform agieren, können die für E10 oder höhere Beimengungen benötigten Ethanolmengen in Europa erzeugt werden. Es wird gefordert, dass sowohl für die Landwirtschaft als auch für die Forstwirtschaft entsprechende Anreizsysteme geschaffen werden. Diese könnten aus wertgesicherten langfristigen Absatzgarantien und Steuerbegünstigungen oder Subventionen für die Umwandlung bestehen. Außerdem könnten die Bioethanolwerke die hochmechanisierte Bewirtschaftung der Flächen leisten, sodass der Grundbesitzer keine Geräte anschaffen müsste und keinen Aufwand für die Bewirtschaftung seines Landes hat. Arbeitsplätze in der Bioethanol-Wertschöpfungskette könnten ein zusätzlicher Anreiz sein.

Sowohl für Landwirte als auch für Waldbesitzer sind mehrjährige Energiepflanzenkulturen eine neuartige Form der Landnutzung. Für den Landwirt ist ein „Fruchtfolgewechsel" zwischen mehrjährigen Energiepflanzenkulturen und einjährigen Nahrungs- oder Futterpflanzen wegen der unterschiedlichen Produktionszeiträume und der zur Bewirtschaftung benötigten unterschiedlichen Geräte kaum möglich. Mehrjährige Energiepflanzenkulturen bedeuten also de facto, dass Flächen, die bisher der Nahrungs- oder Futtermittelproduktion dienten, in Zukunft den unersättlichen Energiehunger der Automobile stillen sollen (eine mittlere Tankfüllung entspricht 100 kg Brot). Aber auch für den Forstwirt, der traditionell mit langlebigen Holzgewächsen arbeitet, bringt der Umstieg auf Energieholzplantagenwirtschaft massive Änderungen. Dabei ist für Waldbesitzer die energetische Nutzung der Biomasse von Wäldern nichts Neues. Vor der Verwendung fossiler Energieträger und industriell hergestellter Chemikalien wurden 80 – 90 % der Biomasse der Wälder nicht als Sägeholz verwendet, sondern als Brennholz, Holzkohle oder als Rohstoff für Gewerbe und Industrie, allen voran als

Pottasche für die Glaserzeugung. Daneben wurde Laubstreu vom Waldboden gesammelt und als Einstreu in Ställen verwendet. Stallmist war früher das wichtigste Düngemittel in der Landwirtschaft. Als fossile Energieträger Brennholz und Holzkohle vom Markt verdrängten, wurden Forstbetriebe zu Veredelungsbetrieben, die versuchen, möglichst viel des Biomassezuwachses in hochwertige Holzsortimente – vor allem Rundholz für die Sägeindustrie – zu lenken. Heute beträgt der Anteil dieser Sortimente 70 – 80 %. Mit schwächerem Holz wird die Papier- und Zellstoffindustrie bedient, und auch dafür nicht geeignetes Holz wird meist in Form von Hackschnitzeln als Heizmaterial verwendet. Darüber hinaus noch Biomasse zu entnehmen, führt rasch zur Nährstoffverarmung und Bodenversauerung, weil gerade Reisig und Blattmasse die höchsten Gehalte an Pflanzennährstoffen aufweisen. Darüber wusste man bereits im 19. Jahrhundert gut Bescheid.[4] Aufgrund der geringen Mengen und geringen Lagerungsdichte sowie des Transportes über lange Wegstrecken ist Restbiomasse aus konventioneller Waldbewirtschaftung keine Option für die Bioethanolindustrie. Auch aus ökologischen Gründen wäre der Entzug von Reisig und Blattmasse sehr bedenklich, weil damit dem Bodenleben für die Aufrechterhaltung wichtiger Bodenfunktionen unerlässliche Nahrungs- und Energiequellen vorenthalten würden.

Bioethanol der zweiten Generation kann nach gegenwärtigem Wissensstand nicht in Kleinanlagen auf dem Bauernhof oder dezentral im Forstbetrieb hergestellt werden, sondern nur in Großanlagen, die aus Plantagen innerhalb eines Umkreises von 20 bis 30 km mit Biomasse bedient werden. Das bedeutet, dass Wald in erheblichem Ausmaß in Energieplantagen umgewandelt werden müsste. Wenn die gesetzlichen und finanziellen Rahmenbedingungen stimmen, werden Waldbesitzer vermutlich nicht zögern, von der aufwändigen Wertholzproduktion auf Biomasseplantagen umzusteigen, die sehr einfach maschinell zu bewirtschaften sind. Angesichts der langen Produktionszeiträume der traditionellen Forstwirtschaft von bis zu hundert Jahren werden vielleicht manche Waldbesitzer zögern, ihren Wald in Energieholz-Plantagen umzuwandeln, weil sie Zweifel haben, dass Energieholzerzeugung für den Bioethanolmarkt auf Dauer profitabler sein wird als Wertholzproduktion. In Wald rückgewandelte Energieholzplantagen liefern nämlich erst nach Jahrzehnten kostendeckende Erträge. Volkswirtschaftlich ist es höchst fragwürdig, von Holz als veredelter Waldbiomasse mit vielfältigem Gebrauchswert und großem Wertschöpfungspotenzial in der Verarbeitung auf rohe Biomasse für die Energiewirtschaft umzusteigen, insbesondere dann, wenn öffentliche Mittel eingesetzt werden müssen, um die geringe Wertschöpfung der Produktion zu kompensieren.

Bioethanolfabriken der zweiten Generation verwenden die gesamte oberirdische Biomasse von Pflanzen und sind daher prinzipiell effizienter als die Anlagen der ersten Generation, die in Mitteleuropa vor allem Getreide oder Zuckerrüben verarbeiten. Ein weiterer, immer betonter Vorteil mehrjähriger Biomassenkulturen ist der im Vergleich zu Getreide und Rüben längere Erntezeitraum. Energieholzplantagen können theoretisch das ganze Jahr über genutzt werden. Allerdings ist während des Austriebes der Wassergehalt sehr hoch, und im Winter können Reif und Schnee die Ernte und den Transport erschweren. Der Nachteil von Grasbiomasse oder Holzschnitzeln gegenüber Getreide ist, dass diese wegen ihrer geringen Schüttdichte ungleich schwieriger im Ethanolwerk auf Vorrat zu halten sind. Ohne energieaufwändige Trocknung kann sich geschüttetes Hackgut im Freien bis zur Selbstentzündung erhitzen und dabei natürlich erhebliche Mengen an CO_2 und anderen Treibhausgasen freisetzen. Ein hinsichtlich des Klimaschutzes möglicher positiver Effekt mehrjähriger Pflanzenkulturen ist die potenziell größere Kohlenstoffspeicherung im Boden. Um die Kohlenstoffsequestrierung umfassend bewerten zu können, muss man allerdings auch die mögliche Ausgasung von Treibhausgasen aus dem Boden unter verschiedenen Boden- und Klimabedingungen erfassen und berücksichtigen.

Biomasseplantagen müssen wie alle Intensivkulturen gedüngt werden, um die Bodenfruchtbarkeit zu bewahren und hohe Produktivität zu sichern. Energieholzplantagen unterscheiden sich diesbezüglich grundlegend von Wäldern im traditionellen mitteleuropäischen Sinn, die aufgrund des extrem geringen Nährstoffgehaltes des Holzes und der langen Umtriebszeiten ohne Dünger auskommen. In Energieholzplantagen werden ungleich höhere Anteile an nährstoffreichen Pflanzengeweben, wie Rinde und Knospen, entzogen. Daher muss gedüngt werden und man kann bei Biomasseholzplantagen nicht von Wald im traditionellen mitteleuropäischen Sinn sprechen. Es ist also ökologisch sinnvoller und ressourcenschonender, nur die sonst nicht nutzbaren Holzanteile, die bei der Waldernte anfallen, direkt thermisch zu nutzen.

Ausgedehnte Änderungen der Landnutzung von traditioneller Land- oder Forstwirtschaft zu neuen mehrjährigen Biomassekulturen für die Biospritproduktion haben natürlich erhebliche Auswirkungen auf die Biodiversität. Mehrjährige Gräser (*Miscanthus* oder *Panicum*) und Ausschlagplantagen von Weiden oder Pappeln sind völlig andere Habitate für Wildtiere als konventionelle landwirtschaftliche Felder mit Fruchtwechsel, Weideland oder Hochwald. In großflächigen Monokulturen können Schädlinge und Pflanzenkrankheiten unerwartet zum Problem werden. Mit erheblichen Auswirkungen auf Oberflächen- und Grundwasser ist zu rechnen. Da Pflanzung, Pflege und Ernte der Biomasse hoch mechanisiert sind, müssen sich auch die Menschen in ländlichen Gebieten an die geänderten Arbeitsmöglichkeiten anpassen. Der Transport des Erntegutes auf öffentlichen Straßen ist ein weiterer zu berücksichtigender Aspekt. Natürlich ist auch der Erholungswert der ländlichen Räume von den geforderten Umstellungen betroffen.

Zusammenfassend meine ich, dass sich die Bioethanolproduktion aus mehrjährigen Biomasseplantagen auf umgewandelten land- und forstwirtschaftlichen Flächen als verhängnisvoller Holzweg erweisen wird. Solange wir nicht gesamthaft über eine ressourcenschonende Zukunftsentwicklung nachdenken, werden Lobbyisten und Geschäftsleute, die mit dubiosem Klimaschutz und insbesondere mit Emissionshandel viel Geld verdienen, versuchen, die Politik für ihre Zwecke zu beeinflussen. E10 ist ein Beispiel dafür. Insgesamt muss es aber das vorrangige Ziel sein, künftig mit weniger Ressourceninanspruchnahme – von Energie über seltene Erden bis zu Wasser und Boden – auszukommen und knappe Ressourcen klüger zu nutzen. Klare Vorgaben und Grenzwerte würden meiner Meinung nach Innovationen mehr stimulieren als einseitige Fokussierung auf zweifelhaftes „Energiesparen", auf CO_2-Emissionen und auf Emissionshandel. So lange wir genug Geld haben, werden wir Energie kaufen und ohne Hemmungen für vielfältige Annehmlichkeiten und Nutzlosigkeiten verwenden. Es ist beschämend, dass mehr als eine Milliarde Menschen Hunger leiden, während die Energie- und Agrarpolitik der entwickelten Welt nach Möglichkeiten sucht, die Böden vermehrt für die Erzeugung von Biotreibstoffen auszuquetschen. Und zwar nicht, weil unsere Fabriken zu wenig Energie für die Produktion haben oder weil wir im Winter frieren, sondern weil noch mehr Energie für überdimensionierte Autos oder abgehobene Freizeitaktivitäten bereitgestellt werden soll. Wir übersehen dabei geflissentlich, dass Böden eine knappe, nicht beliebig vermehrbare Ressource sind, und dass wir mit der Fokussierung auf Biotreibstoffe nicht nur zum Hunger in der dritten Welt beitragen, sondern auch in unserer Luxuswelt Verluste an Wasserqualität, Biodiversität und Erholungswert hinnehmen müssen. Besonders problematisch ist die Umwandlung von Wäldern. In ihnen wird derzeit, meist sehr umweltschonend, Holz produziert, ein Rohstoff der für Bauholz, für Möbel, aber auch für Papier und Zellstoff vielfältig verwendbar ist. Wenn wir Waldboden künftig vermehrt für die Bioethanolproduktion nutzen, bedeutet dies letztendlich, dass wir das knapp werdende Holz durch industriell hergestellte Kunststoffe aus Erdöl oder Biomasse ersetzen müssen. Ob dann die Gesamtbilanz hinsichtlich Klimaschutz oder Energieeinsparung noch positiv sein wird, darf bezweifelt werden.

Derzeit versuchen Energiekonzerne sowie die Agrarindustrie und deren Lobbyisten die Politik für gewinnträchtige Bioenergieprojekte zu gewinnen. Ihre Argumente für Klimaschutz, Energiesparen und neue Einkommensmöglichkeiten in ländlichen Räumen sind aber allzu oft Feigenblätter, hinter denen sich letztendlich nackte Geschäftsinteressen verbergen. Wenn wir unseren Kindern und Enkelkindern auch nur annähernd so viel hinterlassen wollen, wie wir es von unseren Eltern erhielten, müssen wir zu allererst mit unseren Ressourcen sorgfältig und sparsam umgehen. Das gilt nicht nur für Energie, sondern auch für Boden, Wasser, Luft und Biodiversität. Wir müssen der Politik klarmachen, dass wir ungebremsten Energiekonsum durch kluge Bewirtschaftung beschränken müssen, statt nach alternativen Energiequellen für ungebremst wachsenden Verbrauch Ausschau zu halten. Auch durch Beschränkung können Innovationen stimuliert werden. Ziel muss sein, ein angenehmes Leben mit geringerem Gesamtenergieaufwand zu ermöglichen, anstatt in Technologien für eine intensivere Ausnützung der Landschaft zur Steigerung der Energieerzeugung zu investieren. Zu zeigen, dass man auch mit insgesamt geringerem Energiekonsum ein angenehmes Leben führen kann, wäre auch für Schwellen- und Entwicklungsländer ein wichtiges Signal und sicher ein wirkungs- und verantwortungsvoller Beitrag zum Klimaschutz als Emissionshandel.

Anmerkungen

1 Krause F., Bossel H., Müller-Reißmann K. F.: Energiewende – Wachstum und Wohlstand ohne Erdöl und Uran. Frankfurt am Main, 1980.

2 Goethe, J. W. v.: Sämtliche Gedichte, Band 1. Zürich, 1950, S. 512.

3 Sieferle, P.: Der unterirdische Wald. Energiekrise und industrielle Revolution. München, 1989.

4 Hausegger, S.: „Intensive Forstwirthschaft und die Folgen", Österreichische Vierteljahresschrift Für Forstwesen, XI, 1861, S. 88-104 und 248-277.

Literatur

Flannery, T.: The Future Eaters. New York, 2002.

Ekardt, F.; Hennig, B.; Hyla, A.: Landnutzung, Klimawandel, Emissionshandel und Bioenergie, Studien zu Governance- und Menschenrechtsproblemen der völker- und europarechtlichen Klimapolitik im Post-Kyoto-Prozess. Reihe: Studien zu Gerechtigkeit, Verfassung und Governance. Band 5, 2010.

Sinn, H.W.: Das grüne Paradoxon: Plädoyer für eine illusionsfreie Klimapolitik. Berlin, 2012.

Wirtschaft im Spiegel der Medien

Peter Pawlowsky

Die Finanzkrise, die zu einer Wirtschaftskrise wurde, hat das Wirtschaftswachstum reduziert, zum Sparen gezwungen und Prosperität ohne Wachstum scheinbar denkunmöglich gemacht. Inzwischen sind aber auch die klassischen Reaktionen auf die staatliche Schuldenanhäufung in die Kritik geraten. Die schier selbstverständliche Reaktion, dass bei einem Übermaß an Schulden radikal gespart werden muss, wird in Zweifel gezogen. Diese Zweifel transportieren auch die Medien, aber für einen nächsten Schritt, ein grundsätzliches Umdenken zu erreichen, fehlen die überzeugenden Programme. Wenn von den Medien ein Beitrag zu einer Kehrtwende in der Wirtschaftspolitik erwartet werden kann, dann nur unter der Voraussetzung, dass Wirtschaftsfachleute und Politiker entsprechende Modelle entwickeln. Die Medien kreieren keine Wirtschaftspolitik, aber sie können unter Umständen Alternativen zu den herrschenden Trends glaubhaft machen und verstärken; doch sind die Bedingungen, unter denen Zeitungen und Privatsender heute arbeiten, dafür wenig aufgeschlossen. Das hat eine Reihe von Gründen.

Politik über Medien

Um die Rolle der Medien heute richtig einzuschätzen, ist ein kurzer Rückblick nötig. Bis in die 1960er Jahre bestand eine gewisse Trennungslinie zwischen Politik und Medien. Wie immer haben auch damals die Herausgeber der Zeitungen versucht, die Politik in jeweils ihrem Sinn zu beeinflussen. Aber die Medien mussten sich weitgehend auf Bericht und Kommentar beschränken, während die Politik nicht jeden Schritt in der Öffentlichkeit tat. Lediglich die Parteizeitungen machten Politik im Interesse ihrer eigenen Machtposition. Wenn die Medien als vierte Macht im Staat anzusehen sind, war eine „Gewaltenteilung“ durchaus sinnvoll. Diese gilt heute nicht mehr. Der Journalismus ist längst aus der Rolle des Beobachters herausgetreten und zum Betreiber der gesellschaftlichen Öffentlichkeit geworden. Um es zugespitzt zu sagen: Politik wird heute nicht mehr von den Medien begleitet, sondern auf der Plattform der Medien gemacht.

Fragt man nach den Ursachen, so ist evident, dass die vermittelnde Aufgabe journalistischer Plattformen überall dort in den Vordergrund tritt, wo sich Monopole auflösen. Einparteiensysteme brauchen Journalisten nur als Agenten ihres Propaganda-Apparats; aber auch dort, wo wenige klar umgrenzte politische Gruppen – Parteien oder Kammern – sich die Macht teilen, bedarf es nur der Öffentlichkeitsarbeit für die Interessen dieser wenigen Teilhaber am politischen Geschehen, die ihre Konflikte ansonsten hinter verschlossenen Türen austragen. Erst mit der Zunahme des Pluralismus wird ein kritischer Punkt erreicht, an dem Öffentlichkeit nicht mehr auf die Öffentlichkeitsarbeit der Machthaber reduziert werden kann, sondern neue Moderatoren des gesellschaftlichen Gesprächs nötig sind.

Im Bereich des politischen Journalismus hat diese Entwicklung in Österreich nach den 1960er Jahren ihren kritischen Punkt erreicht. Von da an welkten die Blätter der Gesinnungspresse dahin und wurden eingestellt; die Parteien fanden für ihre Art der Öffentlichkeitsarbeit auf der Ebene der Tageszeitungen keine Leser mehr. Der Rundfunk wurde damals dem allzu unmittelbaren Zugriff der Parteien entzogen. Zwischen den politischen Parteien und Interessenvertretungen auf der einen Seite und den Bürgern auf der anderen Seite etablierte sich ein einigermaßen unabhängiger Journalismus als Zwischeninstanz der Vermittlung in beide Richtungen. Von da an waren die Politiker gezwungen, sich offensiv um diese Zwischeninstanz zu kümmern.

Falle der Kurzsichtigkeit

Damit soll nicht gesagt werden, dass diese Instanz bis dahin ganz gefehlt hätte; sie wird aber nun zur Selbstverständlichkeit einer demokratischen Kultur, die zu lernen anfing, wie man mit einer zunehmend pluralistischen Situation umgeht. Seit damals haben sich nicht nur die Parteien im Parlament vermehrt, sie sind in Landtagen und Gemeinderäten noch zahlreicher geworden, und die Politiker müssen sich zudem mehr und mehr mit Bürgerinitiativen und anderen Formen der direkten Demokratie auseinandersetzen. Der Erklärungsbedarf ist gegenüber Wechselwählern weitaus größer als gegenüber den Stammwählern der früheren Zeiten; die Szene wird unübersichtlicher und der Bedarf an Auswahl, Orientierung und Überblick wächst. Ohne einen in der Sache kompetenten, nicht oder wenigstens nicht unmittelbar von den Parteien oder Interessensvertretungen abhängigen Journalismus ist diese Situation nicht zu bewältigen.

Allerdings hat dieser Umstand seine Schattenseiten. Ein Journalismus, mit dessen Hilfe Politik gemacht wird, gerät leicht in die Falle der Kurzsichtigkeit, die Politiker kennzeichnet, die auf Wahlen angewiesen sind. Wohl wird auch kritischen Wirtschaftsfachleuten Raum gegeben, aber ihre Appelle gehen im politischen Tagesgeschäft unter. Eine produktive Distanz leisten sich meist nur noch große Wochenzeitungen. Aus dem Gegenbild zur Politik sind die Medien weitgehend zu einem Abbild der Politik geworden und dadurch zur Beförderung neuer Ideen wenig geeignet.

Der Ärger über die Folgen der Finanzkrise wäre eigentlich eine Chance für die Propagierung von Alternativen. Weil aber sowohl die Wirtschaftswissenschaftler an den Universitäten, als auch die Manager der Banken die Krise im Großen und Ganzen mit eben den Mitteln zu lösen versuchen, die sie erzeugt hat, sind Spielraum und öffentliche Aufmerksamkeit für neue Entwürfe gering. Die Politik hat die „Zähmung" der Wirtschaft in den Jahrzehnten nach dem Zweiten Weltkrieg Schritt für Schritt aufgegeben und ist ihrerseits weitgehend in wirtschaftliche Abhängigkeit geraten.

Qualitätsverlust

Die Medien sind selbst ein Teil des herrschenden Wirtschaftsystems. Die Zeiten, in denen der Konsum, also der Kauf, das Produkt finanzierte, sind lange vorbei. Heute leben Zeitungen und Privatsender im Wesentlichen von der Werbung, sind also auf eine wachsende Wirtschaft und deren Konkurrenzkampf angewiesen. Auf diese Weise können sich sogar Gratisblätter rentieren. Das senkt nicht nur die Qualität des Inhalts, sondern mindert auch die Kritik an einem System, von dem die Medien leben. In der Logik der Durchsetzung durch Marktdominanz sind auch die Medien wie die Industrie den Prozessen der Konzentration unterworfen. Im Verlagswesen ist diese Konzentration weit fortgeschritten. Medienkonzerne sammeln unterschiedliche Publikationen oder Sender, geben eine gemeinsame Herausgeber-Richtlinie vor, orientieren sich aber vor allem am höchst möglichen Ertrag. Daher vermeiden sie wirtschaftliche Experimente und werden für die Verbreitung von Alternativen schwer zu gewinnen sein.

Die zunehmende Ökonomisierung aller Lebensbereiche hat für die Medien entsprechende Folgen. Um in einer Umgebung starker Konkurrenz zu überleben, wird die Schlagzeile wichtiger als der analytische Kommentar. Journalisten und Leser (Hörer und Seher) reagieren aufeinander wie kommunizierende Gefäße. Gesenktes Niveau ist leichter konsumierbar. In einer ohnedies unüberschaubar gewordenen Welt ist es für den Bürger entlastend, wenn er von allzu komplizierten politischen Diskursen ferngehalten wird. Das bedeutet, dass ein Angebot mit minderer Qualität auch eine Nachfrage mit minderer Qualität nach sich zieht. Qualitätsverlust kann auch darin bestehen, dass Qualitätszeitungen mit Anspruch ihre Ressourcen einbüßen, zu wenige Journalisten für zeitaufwändige Recherchen haben, auf Auslandskorrespondenten verzichten müssen oder Fachleute für verschiedene Themenbereiche nicht bezahlen können. Das hat in Österreich dazu geführt, dass keines der für hiesige Verhältnisse großen Blätter zu einer internationalen Karriere imstande war. Öffentlich-rechtliche Sender, die nur zum Teil auf Werbung angewiesen sind, müssen diese Abwärtsspirale nicht mitmachen, sind jedoch ständigen Angriffen von Zeitungen und Privatsendern ausgesetzt, weil diese ihnen unter dem Gesichtspunkt der Konkurrenz eine Markverzerrung unterstellen.

Last der Vielsprachigkeit

Kritiker des geltenden Wirtschaftssystems stimmen darin überein, dass ein radikales Umdenken und ein Bewusstseins- und Wertewandel notwendig sein werden, um einen neuen Lebensstil zu implementieren. Die geltenden medialen Bedingungen gewähren dafür nur einen geringen Spielraum. Dazu kommt eine weitere Schwierigkeit. Das Problem der europäischen Finanz- und Wirtschaftspolitik besteht darin, dass es diese nicht gibt. In einer Welt der Globalisierung und jedenfalls in einem Raum gemeinsamer Währung kommt man ohne Entscheidungen über die Grenzen der Nationalstaaten hinaus nicht aus. Die europäischen Staaten kompensieren ihren Verlust an Souveränität mit besonderer Betonung ihrer Eigenständigkeit und kommen in wichtigen Fragen nur mühsam zu gemeinsamen Beschlüssen, die sie dann im eigenen Land häufig als Diktat aus Brüssel darstellen.

Man könnte meinen, dass solchen Vorgängen durch demokratische Verfahren ein Riegel vorgeschoben werden kann. Aber Politik ist in der Demokratie auf die öffentliche Meinung angewiesen. Öffentliche Meinung kann sich jedoch nur in jedem einzelnen Sprachraum bilden und wird dort von den Medien gespiegelt und geprägt. Die Medien, jedenfalls in Europa, verschärfen durch ihre Gebundenheit an einen Sprachraum dieses Problem einer globalen oder wenigstens europaweiten Wirtschaftspolitik. Eine europäische öffentliche Meinung kommt auf diese Weise nicht zustande. Nationalstaat und Sprachraum decken sich in Europa weitgehend, und nur wenige Menschen sind imstande, sich gleichermaßen über die öffentliche Meinung in Spanien, in Frankreich, in Polen oder Ungarn – um nur einige Nationen zu nennen – auf dem Laufenden zu halten.

Die Bedeutung des Nationalstaats ist historisch gesehen nicht alt. Aber davor gegebene grenzüberschreitende Identifikationsgründe – etwa die gemeinsame Religion oder die Autorität einer Dynastie – haben keine Bedeutung mehr. Und Europa als Idee wird durch die Sprachenvielfalt des Kontinents geschwächt. Das hätte in Zeiten vor den Massenmedien vielleicht keine so große Bedeutung gehabt, heute aber ist die Last der Vielsprachigkeit gerade durch die Medien zu einem schweren demokratiepolitischen Hindernis geworden.

Das führt bei manchen Analytikern der gegenwärtigen Krise zur Kritik an der Demokratie überhaupt. Für Hans-Hermann Hoppe[1], deutscher Nationalökonom, der in Las Vegas lehrte, ist Demokratie nicht die Lösung der Probleme, sondern deren Ursache. Als „territorialer Monopolist" behindere der demokratische Staat die produktiven Kräfte der Gesellschaft und schade dem ursprünglichen sozialen Zusammenhalt durch zentralisierte Bürokratie. Hoppe bezieht sich dabei auf den Nationalstaat; umso mehr würden seine Bedenken der versuchten Demokratisierung einer ganzen Staatengemeinschaft gelten, die ohne Zentralisierung nicht auskäme. Die Urteile über Hoppes Bücher reichen von „Unsinn" bis „Meisterwerk" und zeigen, welche fundamentalen Fragen angesichts der gegenwärtigen Wirtschaftskrise aufgeworfen werden.

Varianten der Unzufriedenheit

Wie zögernd und widersprüchlich sich die Medien auf die Darstellung neuer Konzepte der Wirtschaftspolitik einlassen, zeigen einige Beispiele aus den letzten Monaten.

Zur Jahreswende ließ sich der Wiener Wirtschaftsforscher Karl Aiginger interviewen. Das Gespräch mit ihm erschien unter der Schlagzeile „Zum Wirtschaftswachstum verdammt".[2] Das Stichwort „verdammt" signalisiert dem Leser Ausweglosigkeit und das Ende kreativer Politikgestaltung. Von Glückgefühlen angesichts der herkömmlichen Strategien kann da wohl nicht mehr die Rede sein, aber Alternativen zum europaweit eingeschlagenen Kurs werden nicht ins Auge gefasst. Eine Umstellung auf Null-Wachstum hält Aiginger grundsätzlich für möglich, aber sie würde Jahrzehnte dauern und bedürfte „einer ganz anderen Umverteilung".

In den letzten Monaten häufen sich die qualifizierten Proteste gegen den Sparkurs der EU. Dabei wird jedoch nicht für eine Abkehr von der Wachstumsideologie plädiert, sondern im Gegenteil dargelegt, dass zu radikales Sparen das notwendige Wachstum abwürgt. Tatsächlich ist es nicht vorstellbar, dass die gängige Strategie durch Rückläufigkeit des Wirtschaftswachstums zu einem Kurs des Nullwachstums führen könnte. Der Nobelpreisträger Joseph Stiglitz ist der Meinung: „Die Chancen, dass weitere Einsparungen die Probleme lösen, liegen nahe null."[3] Stiglitz kritisiert auch die ungleiche Verteilung des Wohlstands und nennt damit eines der Hindernisse für ein Null-Wachstum. Der Spekulant und Investor George Soros stößt in dasselbe Horn: „Europa spart sich kaputt, statt etwas fürs Wachstum zu tun."[4] Auch die Kritik von Soros weist also nicht in die Richtung eines neuen Wirtschaftssystems, sondern plädiert für die Rettung und Wiederherstellung des alten.

Einen Schritt weiter geht der österreichische Wirtschaftsforscher Stephan Schulmeister. Er kritisiert vehement die Verzahnung von Defizit- und Schuldenregeln im neuen Fiskalpakt der EU, beschäftigt sich mit dem Problem der Arbeitslosigkeit und stellt die Folgen der diskutierten Beseitigung des Kündigungsschutzes dar: „Langfristig sinnvoll, löst sie jetzt eine Entlassungswelle aus. Sparverschärfung und Kündigungsfreigabe vertiefen die Krise."[5] Den Rückzieher Deutschlands bei der geplanten Einführung der Finanztransaktionssteuer versteht Schulmeister nicht und bewertet das Hin und Her als Ergebnis einer Wahltaktik.[6] Schulmeister rechnet präzise vor, welche Ergebnisse sich aus der gegenwärtigen Politik in den nächsten Jahren ergeben werden. Er bezeichnet die Globalisierung ohne supranationale Währung als einen fatalen Widerspruch und fordert einen „New Deal" für Europa. Um die Zuversicht der Bürger und Bürgerinnen zu stärken, muss die Politik „nach einem umfassenden Plan" vorgehen „mit dem Ziel, die Lebensbedingungen der Menschen nachhaltig zu verbessern". Dazu gehört der „Innovative Ausbau des europäischen Sozialmodells".[7] Schulmeister bezieht sich immer wieder auf das erfolgreiche Modell der sozialen Marktwirtschaft in Österreich nach dem Zweiten Weltkrieg.

Das paradoxe Phänomen, dass die Medien einerseits unabhängiger geworden sind, anderseits aber von ihren Besitzern politisch instrumentalisiert werden, macht auch vor dem Streit um die richtige Wirtschaftspolitik nicht Halt. Daher versucht eine Tageszeitung, die der Wirtschaftskammer nahesteht, das bisherige System, wiewohl es in die Krise geraten ist, durch Zynismus zu verteidigen. Unter der Überschrift „Wohlstand ohne Wachstum“ werden alle Überlegungen um einen Wohlstand ohne Wachstum lächerlich gemacht.[8] Das erinnert an den zur selben Zeit aufgedeckten Skandal einer amerikanischen Bank, die 2 Milliarden Dollar verzockt hat. Der Bankchef gestand zwar Fehler ein, aber man werde so weitermachen wie bisher. Das medial gestützte Beharrungsvermögen ist verständlicherweise in den Kreisen am stärksten verbreitet, denen der Verlust von ein paar Millionen oder Milliarden nicht allzu viel ausmacht. Und somit erweist sich die Frage des Umdenkens wieder an die Möglichkeit einer besseren Umverteilung gekoppelt. Das aber würde eine kaum zu erwartende Umverteilung der Medienmacht voraussetzen.

Ausweg aus der Verwirrung?

Es geht in diesem Buchbeitrag nicht darum, die Meinungen der Experten kritisch zu bewerten, sondern ihre Wirkung auf die Öffentlichkeit auf ihrem Weg über die Medien darzustellen, um herauszufinden, welche Möglichkeiten für ein Umdenken in Wirtschaftsfragen sich abzeichnen. Der Befund fällt weitgehend negativ aus. Der Streit der Wirtschaftsfachleute ist dem durchschnittlich gebildeten Leser (Hörer und Seher) nicht durchschaubar, eine demokratische Mitentscheidung deshalb kaum denkbar. Die Verwirrung wird durch eine besondere Art der Berichterstattung noch vergrößert: Während man die Aktienseiten der Zeitungen wenigstens überblättern kann, wird einem das Auf und Ab der Börsenkurse im Fernsehen täglich aufgedrängt. Was höchstens in eine Wirtschaftssendung für ein spezielles Publikum gehört, wirkt sich auf den Normalzuseher, der kaum Aktien besitzt, negativ aus: Die Schwankungen der verschiedenen Börsenindizes sind kaum interpretierbar und bestätigen nur die Angst vor der Unsicherheit auch der eigenen finanziellen Existenz. Denn der Maßstab, den das Publikum an eine Wirtschaftsordnung anlegt, sind das eigene Einkommen und die eigene soziale Position. Da sich die Schere zwischen Arm und Reich weiter öffnet, sind soziale Unruhen nicht ausgeschlossen. Es ist zu befürchten, dass es erst dadurch zu einer besseren Umverteilung kommen wird. Die Medien haben nur die Chance, zivilgesellschaftliche Bewegungen aufzugreifen und zu verstärken. Dass dies über die Grenzen der Sprachräume hinweg möglich ist, hat die Occupy-Bewegung gezeigt. Protest wird von den Medien zwar gern transportiert, aber positive Entwürfe für eine Wirtschaft ohne Zwang zum Wachstum sind noch nicht mediengerecht verfügbar.

Vor diesem Hintergrund ist ein Interview bemerkenswert, das Mitte Februar 2012 mit dem tschechischen Ökonomen Tomáš Sedláček geführt wurde, und zwar unter der Überschrift „Wirtschaftswachstum ist kein Recht". Sedláček meinte, es muss „stärker bewusst werden, dass es eine dunkle Seite der Globalisierung gibt. Wir sind dazu übergegangen, unser Wirtschaftssystem wie blind zu verteidigen." Und er hält es für vorstellbar, „dass wir unseren Level an Wohlstand einfach halten. Wir sollten dankbar sein, wenn es zu ökonomischem Wachstum kommt, aber es sollte nicht um jeden Preis sein, weil dies unsere Ökonomien irgendwann unweigerlich kollabieren lässt [...] Wirtschaftswachstum per se ist kein Recht."[9]

Das dogmatische Missverständnis

Der Anlass für dieses Interview war das Erscheinen der deutschen Ausgabe von Sedláčeks Buch „Die Ökonomie von Gut und Böse". Darin deckt der Autor ein Grundmissverständnis auf, dem bis heute Politiker und Journalisten auf den Leim gehen und das die Stellung der Medien zu Wirtschaftsfragen prägt. Die Wirtschaftswissenschaften geben vor, die wirtschaftliche Realität zu beschreiben. Sie tun dies dadurch überzeugend, dass sie empirisch und angeblich normfrei mit Statistiken und mit mathematischen Modellen arbeiten, die das Aussehen einer Darstellung von Fakten haben und sich ihrer Objektivität rühmen. Aus ihren Modellen leiten sie Prognosen ab, und die Verwirrung ist groß, wenn diese Prognosen nicht zutreffen, wie das bei der von den USA ausgehenden Finanzkrise der Fall war. Die Medien greifen nach diesen Prognosen; aber was soll der Medienkonsument glauben, wenn ihn auch seine durchaus seriöse Zeitung – wenn auch ohne böse Absicht – in die Irre geführt hat?

Mit dem Irrglauben einer objektiven, die Realität getreu abbildenden Wirtschaftswissenschaft räumt Sedláček auf. Das müsste Folgen für die Medien haben, wenn sie die wirtschaftliche Situation darstellen. Einerseits braucht jede Redaktion Fachleute, die die ökonomischen Zusammenhänge verstehen und in den Verständnishorizont von Nicht-Fachleuten übersetzen können. Dazu gehört aber anderseits auch, dass die Realität mit verschiedenen, oft widersprüchlichen Modellen vermessen wird. „Selbst die ausgefeiltesten mathematischen Modelle sind in Wirklichkeit Geschichten, Gleichnisse, ein Bemühen, die Welt um uns herum (rational) zu begreifen" schreibt Sedláček,[10] und das bedeutet, dass solche Modelle nicht als Dogmen hingenommen werden dürfen.

Die Abhängigkeit der Medien vom herrschenden Wirtschaftssystem und die Nötigung zur politischen Berichterstattung erschweren das enorm. Denn die Politiker, über die zu berichten ist, vermeiden nach außen jeden Zweifel, sprechen von Sachzwängen und stellen ihre Politik als absolut den Realitäten angemessen dar. Sie sind es eigentlich, die die gängigen Modelle als Dogmen verstehen und danach handeln. Gelänge es, sich davon etwas frei zu spielen, dann könnte von den Medien ein Impuls zum Umdenken ausgehen.

Noch ist die Wahrscheinlichkeit dafür gering. Es gibt eine Reihenfolge des Umdenkens, die so beginnen müsste: Zuerst braucht es neue Einsichten der Ökonomen an den Universitäten, die Wirtschaftsmodelle tradieren, die oft schon Jahrzehnte alt sind und nicht mehr auf die Gegenwart passen. Dann braucht es die mediale Vermittlung dieser neuen Überlegungen, und schließlich wird man die Politik zum Umdenken bewegen können. Ein langwieriger Prozess, in dem die Medien eine wichtige Rolle spielen, aber kaum imstande sein werden, den ersten Schritt zu tun. Immerhin können die Einsichten des tschechischen Ökonomen dafür eine Grundlage sein: „Man bringt uns Ökonomen bei, keine normativen Urteile darüber abzugeben, was gut und was böse oder schlecht ist. Doch die Ökonomie ist, im Gegensatz zu dem, was in den Lehrbüchern steht, überwiegend ein normatives Gebiet. Sie beschreibt die Welt nicht nur, sondern befasst sich auch häufig damit, wie die Welt sein sollte (sie sollte effektiv sein, den Idealen eines perfekten Wettbewerbs und eines hohen BIP-Wachstums bei niedriger Inflation entsprechen, wir sollten uns bemühen, große Konkurrenzkämpfe zu vermeiden …). Zu diesem Zweck entwickeln wir Modelle, moderne Gleichnisse, doch diese (oft absichtlich) unrealistischen Modelle haben mit der *realen* Welt kaum etwas zu tun.“[11]

In seinem Vorwort zu Sedláčeks Buch würdigt Václav Havel, was in diesem Buch geschieht, und nennt damit zugleich, was in den Medien nottäte: „Der Autor reißt durch seine Fragen Stereotype nieder. Er versucht, aus der engen Spezialisierung auszubrechen und die Grenzen zwischen den wissenschaftlichen Disziplinen zu überspannen.“[12]

Anmerkungen

1 Vgl. dazu: Hoppe, Hans-Hermann: Das Ende des Maskenballs. Die Presse, 14. April 2012, S. 17.
2 Aiginger, Karl: Zum Wirtschaftswachstum verdammt. Kurier, 29. Dezember 2011, S. 9.
3 Stiglitz, Joseph: „Eine Überdosis Sparen". Süddeutsche Zeitung, 11. April 2012, S. 17.
4 Soros, George: Die Bundesbank zerstört den Euro. Süddeutsche Zeitung, 13. April 2012, S. 26.
5 Schulmeister, Stephan: Ein Graben zieht sich durch Europa. Handelsblatt, 8. April 2012; Das programmierte Desaster. Falter, 21. März 2012, S. 6f.
6 Derselbe: „Die Blockadehaltung bringt nichts". taz, 29. März 2012, S. 9.
7 Derselbe: Die große Krise. Anmerkungen zu Diagnose und Therapie. Wirtschaftspolitische Blätter 3/2009, S. 383.
8 Schellhorn, Franz in: Die Presse am Sonntag, 13. Mai 2012, S. 17.
9 Sedláček, Tomáš in: Der Standard, 11./12. Februar 2012, S. 15.
10 Sedláček, Tomáš: Die Ökonomie von Gut und Böse. München 2012, S. 17.
11 A.a.O. S. 18.
12 Havel, Václav in: Sedláček, Tomáš: Die Ökonomie von Gut und Böse. München 2012, Vorwort.

Regionalität, Beteiligung und Selbstorganisation als Elemente einer Kultur des richtigen Maßes

Günther Humer

Griechenland, Irland, Spanien und Portugal befinden sich in einer Staatsschuldenkrise, die ganz Europa bewegt. Nicht nur in diesen europäischen Staaten gilt es, sehr unterschiedliche strukturelle Schwächen zu bewältigen, die eine tiefgreifende Reform staatlichen Handelns sowie nationaler Politiken weit über die Bereiche Finanzen und Wirtschaft hinaus notwendig erscheinen lassen. Die Ursachen dieser Krise finden sich unter anderem in den einseitig auf künftige Wachstumserwartungen ausgerichteten nationalen Politiken. Der Grundsatz, langfristig so zu kalkulieren, dass die Defizite der gegenwärtigen Budgets nur unter der Annahme sehr optimistischer permanenter Wachstumsraten und durch die zusätzlichen Einnahmen derselben getilgt werden können, liegt sowohl der Finanzkrise 2009 als auch den dadurch mitverursachten weiteren Banken- und Staatsschuldenkrisen zugrunde. Aber auch der Umgang mit dem Weltklima und mit den weltweiten Ressourcen, den Fischbeständen der Meere, den Wasserressourcen, den Böden und der biologischen Vielfalt, folgt einem ähnlichen Muster – eine Generation gründet ihren Wohlstand auf den Hypotheken, die sie zu Lasten künftiger Generationen aufnimmt.

In Zeiten, in denen permanentes wirtschaftliches Wachstum als oberstes politisches Ziel gilt, sind der ungehemmte Zugriff auf natürliche Ressourcen, die laufende Steigerung des Konsums, die globale Liberalisierung der Märkte, die Konzentration der wirtschaftlichen Dynamik auf globale Gunstlagen wie Megacities, das Inkaufnehmen zunehmender Verteilungsungerechtigkeit und letztlich die Überbewertung materieller Entwicklungsfaktoren die logischen Voraussetzungen, um dieses Ziel erreichen zu können. In den Hintergrund treten dabei Ziele, wie die haushälterische Nutzung von Ressourcen, die Verteilungsgerechtigkeit zwischen Arm und Reich, Nord und Süd sowie gegenwärtigen und künftigen Generationen, die Beachtung natürlicher, ökosystemarer Grenzen, einfache Lebensstile, die lokalen und regionalen Wirtschaftskreisläufe und letztlich die Unterschätzung der immateriellen Entwicklungsfaktoren.

„Wachstumsorientierung steht in starker Spannung zur Nachhaltigkeit", denn der aus der Sicht der Nachhaltigkeit notwendige Rückbau des fossilen Ressourcenverbrauchs um 80 bis 90 Prozent bis zum Jahre 2050 wird sich kaum mit einer Verdoppelung des Bruttoinlandsprodukts – was einer geringen jährlichen Wachstumsrate von 1,5% entspräche – vereinbaren lassen.[1]

Ganz Europa gemeinsam ist dabei die Wahrnehmung, dass eine Perspektive permanenten wirtschaftlichen Wachstums über die nächsten Jahre als zweifelhaft erscheint. Während die generellen Prognosen auf Zeiten eines deutlichen verminderten Wachstums hinweisen, müssen einzelne europäische Staaten mit einer Schrumpfung der Wirtschaftsleistung zurecht kommen. So ist in Griechenland die Wirtschaft im Jahr 2011, statt wie vorhergesagt um 5,5%, sogar um 6,5% geschrumpft. Die Arbeitslosenrate liegt inzwischen bei 17,5%.[2]

Es ist davon auszugehen, dass es neue Strategien für den Umgang mit längerfristigen Wachstumsschwächen, partiellen oder gesamtwirtschaftlichen Schrumpfungsprozessen braucht. Die Bandbreite der Möglichkeiten geht von einer selektiven Wachstumsgesellschaft über eine Strategie qualitativen Wachstums bis zur Forderung eines permanenten Nullwachstums.

Wenn eine Gesellschaft mit deutlich weniger materiellem Wohlstand auskommen soll oder muss, stellt sich die Frage, wie man einen solchen Übergang politisch argumentiert und im Konsens gestaltet. Ein „Weniger" ist in gesellschaftspolitischen Prozessen sehr schwer zu begründen, wenn ihm nicht im Austausch dafür ein „Mehr" in einem anderen Bereich gegenüber steht.

Auf jeden Fall muss der Fokus zunehmend auf die Stärkung der qualitativen Faktoren des Lebens gelegt werden. Das bedeutet, dass eine Gesellschaft mit deutlich weniger Wachstum, wenn sie von gesellschaftlicher Stabilität geprägt sein soll, von einer sehr starken Perspektive in Richtung Lebensqualität – in Verbindung mit einem hohen Maß an Verteilungsgerechtigkeit – getragen sein muss.

Lebensqualität hängt dabei immer auch vom unmittelbaren Kontext ab. Erst auf lokaler und regionaler Ebene wird Lebensqualität erlebbar und gestaltbar. Die Region als Lebens- und Wirkraum der Menschen hat daher eine zentrale Bedeutung, wenn es um Strategien zur Stärkung der Lebensqualität geht.

Wie das Verhältnis zwischen Wachstum, Wohlstand und Lebensqualität neu definiert werden muss, um die Entwicklung zukunftsfähig gestalten zu können, zeigt ein aktueller Diskussionsprozess im Land Vorarlberg. Hier wird klar erkannt, dass eine einseitige Orientierung an quantitativem Wachstum verhängnisvoll sein kann. Anstelle dessen will man in Vorarlberg verstärkt auf Lebensqualität, freiwilliges Engagement und Nachhaltigkeit setzen.[3]

1. „Wertschöpfung“ umfassend definieren und regional verankern

Wertschöpfung ist ein vielfach verwendeter Begriff, der vor allem in der Betriebs- und Volkswirtschaftslehre Verwendung findet. „Wertschöpfung“ ist demnach das Ziel produktiver Tätigkeit. Diese transformiert vorhandene Güter in Güter mit höherem Geldwert.[4]

In der volkswirtschaftlichen Gesamtrechnung wird aus der Wertschöpfung das Bruttoinlandsprodukt (kurz: BIP) abgeleitet. Inzwischen wird das BIP als Messgröße des wirtschaftlichen Fortschritts von vielen Seiten kritisch betrachtet. Wenn es beispielsweise mehr Staus auf den Autobahnen gibt, erhöht sich der Benzinverbrauch und damit das BIP, obwohl die Umwelt geschädigt wird, sich das Wohlbefinden der Bevölkerung verschlechtert und diese weniger Geld für andere Ausgaben zur Verfügung hat. Die 2008 von Präsident Sarkozy unter der Leitung des Ökonomen Joseph Stiglitz aus 22 hochrangigen, internationalen Experten zusammengesetzte „Stiglitz-Kommission“ erachtet in ihrem Bericht das BIP für die Beurteilung der Entwicklung einer Gesellschaft als ungeeignet. In ihren zwölf Empfehlungen nimmt sie darauf Bezug, dass auch die Aspekte der Lebensqualität und der Nachhaltigkeit, ebenso wie ehrenamtliche Arbeit und haushaltsnahe Dienstleistungen, mitberücksichtigt werden müssen. 2009 hat die Europäische Kommission ihr Strategiepapier „Das BIP und mehr: Die Messung des Fortschritts in einer Welt des Wandels“ verabschiedet. Die Diskussion um die adäquate Messung des Fortschritts hat damit auch auf der offiziellen politischen Ebene der EU Fahrt aufgenommen.[5]

Sobald über die materiellen Aspekte des Wachstums hinaus auch die immateriellen Aspekte, die Auswirkungen auf die Lebensqualität, auf die Gesundheit und auf die Umwelt sowie der Wert ehrenamtlicher Tätigkeit und unbezahlter familienbezogener Leistungen mitbetrachtet werden, ergibt sich ein völlig anderes Bild. Die Definition von Erfolg verschiebt sich in eine qualitative Richtung. Ein neuer Zugang zur Bewertung von gesellschaftlichem Fortschritt führt automatisch zu einem anderen Umgang mit dem Begriff des Wachstums.

In diesem Sinne geht Wertschöpfung weit über die rein betriebswirtschaftlichen Aspekte hinaus und schließt die kulturellen, sozialen und ökologischen Faktoren mit ein, die ihr einerseits zugrunde liegen und in die sie auch wieder mündet.

2. Umgang mit natürlichen Ressourcen zukunftsfähig gestalten

„Für die moderne Wirtschaft muss die Natur als Mülldeponie, als Bergwerk und als Standort herhalten. Globale Erwärmung, erschöpfte Lagerstätten und verschlissene Naturräume demonstrieren, dass die Menschen ihr Konto überzogen haben.“[6] Heute werden weltweit etwa 68 Milliarden Tonnen Material pro Jahr genutzt, fast zehnmal mehr als noch im Jahr 1900.[7]

Der aktuelle Bericht des Umweltprogramms der Vereinten Nationen (UNEP) mit dem Titel „Keeping Track of our Changing Environment“ zieht über die Entwicklungen des Planeten in den letzten zwanzig Jahren eine ernüchternde Bilanz:[8]

- Seit 1992 ist das globale Bruttosozialprodukt um 75% – im Durchschnitt um 3,2% pro Jahr – gestiegen und der Ressourcenverbrauch (Erdöl, Eisen, Biomasse etc.) hat sich um 41% erhöht.
- Die klimaschädlichen CO_2-Emissionen haben sich um 36% erhöht.
- Der Pro-Kopf-Energieverbrauch ist in den Industrieländern fast zwölf Mal höher als in Entwicklungsländern.
- Die weltweite Waldfläche hat um 300 Millionen Hektar abgenommen – das entspricht einem Gebiet größer als Argentinien.
- Der Anteil überfischter, erschöpfter Bestände am Gesamtfischbestand hat sich von 10% auf 33% erhöht.
- Die Schädigung aller Umweltkomponenten – wie Boden, Wasser, biologische Vielfalt, Ozeane und Atmosphäre – schreitet weiter voran.

Der Ökologische Fußabdruck ist jene Fläche der Erde, die notwendig ist, um den Lebensstil und den Lebensstandard eines Menschen dauerhaft zu ermöglichen. Zwischen 1960 und 2000 hat sich der Ökologische Fußabdruck der gesamten Menschheit um 80% vergrößert. Setzt man ihn mit der produktiven Weltfläche in Vergleich, so wird klar, dass die Menschheit auf zu großem Fuße lebt – derzeit bräuchten wir 1,2 Erden. Im weltweiten Durchschnitt nutzt jeder Erdenbürger etwa 2,2 Global Hektar, während nur

1,7 Global Hektar pro Person zur Verfügung stehen.[9] Der durchschnittliche Österreicher beansprucht 4,9 Global Hektar. Im Vergleich dazu machen sich die Menschen in Indien mit durchschnittlich 0,8 Global Hektar sehr bescheiden aus.[10]

Es weist vieles darauf hin, dass bis 2050 eine drastische Reduktion des Ressourcenverbrauchs, aber auch der treibhauswirksamen Gase um bis zu 90% notwendig sein wird. Davon sind wir weit entfernt. Auf globaler, europäischer und österreichischer Ebene gibt es zahlreiche Strategien und Ansätze, die zumindest in die richtige Richtung weisen. Beispielsweise wurde im Jänner 2012 der Nationale Ressourceneffizienz-Plan als österreichischer Beitrag zur EU-Initiative „Ressourcenschonendes Europa" präsentiert. Ziel ist es, bis zum Jahr 2020 die Ressourceneffizienz in Österreich um mindestens 50% anzuheben und damit den Ressourcenverbrauch deutlich zu reduzieren."[11]

Auf regionaler Ebene gibt es zahlreiche Ansätze, die sich mit dem Thema Energie und Ressourcen beschäftigen. So zielt beispielsweise die Energiewendestrategie Oberösterreichs bis 2030 auf eine vollständige Versorgung des Landes in den Bereichen Raumwärme und Strom aus erneuerbaren Quellen und auf eine deutliche Senkung des Energieverbrauchs im Bereich Mobilität.

Österreichweit arbeiten mittlerweile etwa 100 Klima- und Energiemodellregionen an innovativen Konzepten zu mehr Energieselbstversorgung durch eine optimale Kombination von erneuerbarer Energie aus Wind, Wasser, Sonne und Biomasse mit Energiesparen. Begleitende Bewusstseinsbildungsprozesse sollen Impulse für das nötige Umdenken geben.[12] Europaweit sind inzwischen über 1600 Städte und Gemeinden dem Klimabündnis beigetreten und haben sich verpflichtet, z.B. ihre CO_2-Emissionen alle fünf Jahre um 10% zu vermindern.[13] Auf internationaler Ebene gestalten im 2006 gegründeten Netzwerk der Transition-Towns-Bewegung inzwischen etwa 450 Städte und Gemeinden den Übergang in eine postfossile, relokalisierte Gesellschaft.[14]

Es zeigt sich, dass die Botschaft auf regionaler Ebene angekommen, unzählige „Kristallisationskerne" entstanden sind und laufend neu entstehen. Ein anderer Umgang mit Ressourcen, vor allem im Bereich Energie, wird nicht nur als Notwendigkeit, sondern als Chance zur Stärkung der regionalen Lebensqualität erkannt. Die lokale Politik scheint der internationalen Politik voraus zu sein. Dieser Eindruck bleibt, auch wenn nicht darüber hinweg gesehen werden darf, dass eine Vielzahl der lokalen Initiativen über das Stadium des hoffnungsvollen Aufbruchs noch nicht hinaus gekommen ist, oder auch nie darüber hinaus kommen wird.

3. Renaissance der Regionen

Mit Region ist sowohl der Lebensraum der Menschen in seinem überschaubaren Kontext gemeint, als auch jener Bezugsraum, in dem ein bestimmtes Thema eine funktionale Einheit bildet. Die räumliche Dimension von „Region" reicht von der Kleinregion, die wenige Gemeinden umfasst, bis zu den Mitspielern im Europa der Regionen, wie z.B. den Bundesländern oder der Ostseeregion, der Donauregion etc. Eng mit Regionalität ist die Forderung nach Subsidiarität verbunden, womit gemeint ist, dass Entscheidungen prinzipiell auf der untersten aller möglichen Ebenen getroffen werden sollen, und erst wenn dies nicht möglich ist, von der nächst höheren Ebene wahrgenommen werden soll.

Die Forderung nach Regionalität zielt auf Dezentralität und Überschaubarkeit. Sie bezieht sich aber auch auf das menschliche Maß und die gewachsenen Strukturen, die letztlich aus den kleinsten funktionalen Einheiten aufgebaut sind und sich „bottom up" in Lebensregionen organisieren. Allerdings müssen Regionen offen nach außen und international vernetzt sein, damit sie sich als Teil eines größeren Ganzen entwickeln können. Autarkie, Abgeschlossenheit nach außen und „Wir-sind-Wir-Mentalität" führen in der Regel nicht zu regionaler Lebensqualität sondern zu geistiger und wirtschaftlicher Stagnation.

Der globale Freihandel steht in engem Zusammenhang zum wirtschaftlichen Wachstum und basiert auf der Annahme des Vorhandenseins unbegrenzt verfügbarer und billiger fossiler Energien. Durch internationale Arbeitsteilung – jedes Land spezialisiert sich auf das, was es am kostengünstigsten herstellen kann und importiert umgekehrt Dinge, welche in anderen Ländern billiger produziert werden – kann insgesamt mehr produziert werden, als in einer Welt, deren Länder und Regionen sich nur mit dem versorgen, was sie selbst erzeugen können. Durch diese Spezialisierung verlieren Branchen und Regionen, welche weniger konkurrenzfähig sind, an Bedeutung. Diese Abkehr von der regionalen Selbstversorgungsfähigkeit lässt zwar einerseits an den Effizienzvorteilen der industriellen Arbeitsteilung partizipieren, führt jedoch in die schicksalhafte Abhängigkeit von globaler Fremdversorgung. Mit zunehmender Spezialisierung – um der Ausschöpfung von Effizienzvorteilen willen – steigt die Anzahl der dazwischen liegenden Wertschöpfungsstufen –, bedingt durch eine immer größere Distanz zwischen Verbrauch und Produktion. Der zusätzliche Investitions- und Kapitalbedarf trägt zur Notwendigkeit ökonomischen Wachstums bei. Je höher das Fremdversorgungs- und Komfortniveau ist, umso teurer und energieaufwändiger ist diese Existenzform. Einerseits ist das System von Wachstum abhängig, andererseits beraubt sich das Wachstum seiner materiellen Basis, weil es nicht von Energie und anderen Ressourcenverbräuchen entkoppelt werden kann. Um Krisen zu verursachen, reicht bereits ausbleibendes oder nicht hinreichendes wirtschaftliches Wachstum.[15]

Immer wichtiger wird die Gestaltung des Zusammenwirkens zwischen Globalisierung und Regionalität. Je globaler eine Gesellschaft wird, desto höher ist die Sehnsucht der Menschen nach Überschaubarkeit. Auch das Zusammenwirken regionaler und internationaler Märkte ist hier ein wichtiger Aspekt. Eine neue Balance zwischen regionaler Eigenversorgung und Teilhabe an den internationalen Märkten muss gefunden werden. Der Anteil der regionalen Selbstversorgungsfähigkeit – vor allem im Bereich der Grundversorgung – ist zu erhöhen. Die Potentiale in diesem Bereich sind erheblich. Am Beispiel Griechenlands zeigt sich, dass die Auswirkungen der gegenwärtigen Krise vor allem die städtische Bevölkerung hart treffen. In den ländlichen Gebieten, wo eine hohe Selbstversorgung gegeben ist, sind die Auswirkungen viel weniger spürbar.

Der Mühlviertler Ressourcenplan erarbeitet beispielsweise Grundlagen für eine nachhaltige, regionale Wirtschaftsweise in den Bereichen der Lebensmittel-, Energie- und biogenen Rohstoffversorgung, damit die Region in Summe ausgeglichen bilanzieren kann (Importe = Exporte). Alleine die Bereiche Wärme, Strom und Verkehr verursachen ein jährliches Abfließen von rund 341 Millionen Euro aus der Region. Ernüchternd ist auch, dass das Mühlviertel im Bereich Biomasse nicht in der Lage ist, sich selbst zu versorgen. Im Nahrungsmittelbereich ist es etwas besser.[16]

Inzwischen gibt es auch eine Reihe erfolgreicher Regionalgeldinitiativen. Der Chiemgauer-Regionalgeldverein wurde 2003 gegründet und verfügt inzwischen über 3300 Mitglieder und 600 Stellen, bei denen man mit dem Chiemgauer bezahlen kann. 550.000 Chiemgauer sind derzeit im Umlauf und Stärken die regionalen Wirtschaftskreisläufe.[17]

Von den Erfahrungen dieser Initiative ausgehend entstand der Vorschlag eines regionalen „Expressgeldes“ für Griechenland. Die Ausgabe von staatlichem Regiogeld als Ergänzung zum Euro soll durch eine Belebung der lokalen Ökonomien – Handwerk, Handel, Vereine, Kommunen, Dienstleister und Haushalte – die Auswirkungen der Krise mindern.[18]

Mehr Regionalität kann zu einer Verbesserung der Stabilität in Krisenzeiten, zur Verminderung des Energie- und Rohstoffverbrauchs und zur Entspannung von Wachstumszwängen führen. Es braucht vor allem im Nahrungsmittel- und Energiebereich eine globale Re-Regionalisierung. Mit der Verbesserung der Eigenversorgungsfähigkeit im

Nahrungsmittelbereich und der Stärkung lokaler Märkte in Verbindung mit Know-how-Transfer und Verbesserung der Produktionsbedingungen kann der Hunger in der Welt – vor allem in den ärmsten Ländern – wirkungsvoll bekämpft werden. Im Energiebereich ist mit dem Übergang vom fossilen in das solare Zeitalter auch eine Umstrukturierung von der punktuellen zur flächigen Energieerzeugung zu erwarten. Die Fläche gewinnt an Bedeutung, und die Logistik wird kleinräumiger und dezentraler. Eine Renaissance des Regionalen ist die logische Folge.

4. Gesellschaftliche Teilhabe und freiwilliges Engagement

Etwa 44 % der Österreicher/innen ab 15 Jahren sind ehrenamtlich engagiert. Freiwilliges Engagement – ob in Kultur, Kirche, Sport, Nachbarschaftshilfe, Umwelt, Schutz und Hilfe oder im Sozialbereich – schlägt, obwohl von hohem faktischen Wert, bei der Berechnung des Bruttoinlandsprodukts nicht zu Buche. Das Engagement der Menschen wird nicht als wachstumsrelevant wahrgenommen, obwohl eine erhebliche Wertschöpfung – immateriell wie materiell – damit verbunden ist. Immerhin entspricht die in Österreich jährlich geleistete Freiwilligentätigkeit etwa dem Äquivalent von über 400.000 Vollzeitarbeitsplätzen, was je nach Bewertung 2,6 – 3,7 % des BIP ausmachen würde.[19]

Die Beteiligung der Menschen an politischen Entscheidungen und an der Gestaltung der Gesellschaft ist ein weiteres zentrales Element, das die Demokratie und damit die Lebensqualität der Menschen erhöhen kann. Ob und wie sich die Menschen beteiligt fühlen, entscheidet wesentlich darüber, ob der Archetyp des „Wutbürgers" oder der des engagierten Bürgers das gesellschaftspolitische Leben bestimmt.

Je breiter Beteiligung funktioniert und je höher das freiwillige Engagement der Menschen in einer Region ist, desto höher ist das Sozialkapital. Das Sozialkapital ist die Gesamtheit der sozialen Beziehungen, des Zusammenhalts, des Vertrauens und der Zusammenarbeit in einer Gesellschaft. Je höher das Sozialkapital, desto glücklicher ist eine Gesellschaft und umso besser sind die Voraussetzungen für wirtschaftlichen Erfolg und gesellschaftliche Stabilität.

Aktive Beteiligung und Empowerment der Menschen stärken die Eigeninitiative und die Lösungskompetenz in schwierigen Zeiten. Je höher das Sozialkapital ist, desto besser wird eine Region mit Stagnation und Schrumpfung konstruktiv umgehen können.

Vor allem Umbrüche und Zeiten intensiven gesellschaftlichen Wandels können auch Phasen der Innovation sein und vollkommen neue Lösungen hervorbringen. Ohne eine europaweite Demokratisierung von Krisenbewältigungsstrategien und den zu erwartenden Phasen des Wohlstandsrückganges besteht die Gefahr einer zunehmenden, tiefgreifenden sozialen Spaltung. Nur durch die Befähigung zur Eigeninitiative, durch die aktive Beteiligung und durch eine Demokratisierung der Entscheidungsfindung können die innovativen Potentiale einer Gesellschaft gehoben werden. Statt Resignation und Apathie entstehen gemeinsame positive Zukunftsbilder.

Die kommunale Ebene ist für die Stärkung von Demokratie und für die Einbindung der Menschen von zentraler Bedeutung. So gibt es österreichweit inzwischen mehr als 430 Gemeinden und Regionen, die die „Lokale Agenda 21-Zukunftsprozesse" mit intensiver Bürgerbeteiligung durchführen. In Oberösterreich gibt es 120 Agenda 21-Gemeinden. Seit 1998 haben sich dabei mehr als 10.000 Menschen aktiv beteiligt, über 850.000 ehrenamtliche Stunden wurden geleistet, 120 lokale Zukunftsprofile erarbeitet und über 1000 Projekte entwickelt und umgesetzt.[20]

5. Persönliche Lebenskultur – einfach, sinnvoll und gut

Werden Menschen gefragt, ob das eigene Land Wachstum brauche, so antworten 80% mit ja. Fragt man jedoch dieselben Menschen, ob Wachstum für sie selbst persönlich wichtig sei, erklären viele, dass für sie Wachstum kaum Bedeutung habe. Das zeigt die Widersprüchlichkeit der Wachstumsdebatte. Zwar heißt es oft, Wachstum sei zur Befriedigung materieller Bedürfnisse unerlässlich – was in materiell armen Gesellschaften zutreffen mag. In reichen Gesellschaften sind die materiellen Bedürfnisse der Mehrheit der Bevölkerung jedoch befriedigt. Weiteres Wachstum macht die Menschen auch nicht zufriedener, was durch die moderne Glücksforschung bestätigt wird.[21]

Für den Großteil der Bevölkerung im reichen Norden geht es darum, „Wohlstand neu zu entdecken". Konsum ist kein Selbstzweck, sondern soll die Voraussetzung für gelingendes Leben schaffen. Ein achtsamer Gebrauch empfiehlt sich nicht nur um der Ressourcen, sondern auch um des eigenen Selbst willen. Wo es um persönliche Erfüllung geht, rückt eher das Weniger-Konsumieren als das Anders-Konsumieren in den Mittelpunkt.[22]

Natürlich darf dabei nicht übersehen werden, dass allein in Österreich 1 Million Menschen (das sind 12-13% der Bevölkerung) arm oder armutsgefährdet sind und weniger als 900 Euro im Monat (12x) zum Leben haben. Ihre Zahl nimmt zu.[23] In Griechenland lebt inzwischen jeder Fünfte unter der Armutsgrenze.[24] Tendenz stark steigend. Angesichts dessen, dass das, was man hat, für das tägliche Leben meist nur knapp oder nicht ausreicht, ist ein Weniger-Konsumieren purer Hohn. Es zeigt sich, dass nicht nur ein Zuviel an materiellem Wohlstand, sondern auch ein zunehmend ungereicht verteilter Wohlstand in der Frage von Wachstum und persönlichem Lebensstil zu gewichten ist.

Aber zurück zu jenen mehr als 80% nicht armutsgefährdeten Europäern, für die das Redimensionieren des Lebensstils eine Chance zur Verbesserung der Lebensqualität sein kann. Eine Neuorientierung zu „einfachen" Lebensstilen ist seit mehreren Jahren wieder verstärkt zu beobachten und hat eine lange Geschichte. Bereits 1845 hat der amerikanische Schriftsteller und Philosoph Henry David Thoreau der industrialisierten Massengesellschaft den Rücken gekehrt und für 2 Jahre in einer einfachen Hütte im Walden Pond gelebt. Er fasst seine Erkenntnisse in einem Zitat zusammen: „Ein Mensch ist reich in Proportion zu den Dingen, die sein zu lassen er sich leisten kann."[25]

Heute streben unzählige Initiativen, Netzwerke und einzelne Personen unter den unterschiedlichsten Begriffen wie „Einfaches Leben" (Simple Living), „Freiwillige Einfachheit" (Voluntary Simplicity), „Minimalismus" oder „Downshifting" nach Alternativen zu den konsumorientierten Lebensstilen. Die Motivation dazu ist sehr unterschiedlich. Ökologische Verantwortung, innere Unzufriedenheit, permanente Überlastung, Lebenskrise oder Sehnsucht nach einer Neuorientierung können zu einer Neugewichtung materieller und immaterieller Werte führen. Die Vielfalt der möglichen Lebensstilvarianten ist nahezu unendlich und kann auch aus der Sehnsucht entstehen, die eigene persönliche Note oder den individuellen Stil zu entwickeln und sich damit von der breiten Masse abzuheben.

Einfaches Leben umfasst alle Lebensbereiche. Im Bereich Wohnen sind gemeinschaftliche Wohnformen ebenso möglich, wie das Leben in einer kleineren Wohnung oder in einem kleineren Haus. Passivhäuser, alternative Energiequellen wie Solaranlage, Biomasse-Heizung, Energiesparen und ökologische Baustoffe dienen dem bewusstem Umgang mit Ressourcen und Energie. Beim Lebensmitteleinkauf gewinnen Kriterien wie „bio", „regional" und „fair gehandelt" an Bedeutung. Im Bereich der Mobilität stehen der Verzicht auf ein eigenes Auto und das Gehen und Radeln im Mittelpunkt.

Die Eigenversorgung gegenüber Fremdleistungen – selber Kochen, eigener Garten und Handwerk – ist ein starker neuer Trend. Gemeinschaftsgärten oder das „Urban Gardening" sind dabei nur einige Beispiele von vielen. Auch das klassische Arbeitsmodell, in dessen Zentrum die Erwerbsarbeit steht, verlagert seinen Schwerpunkt in Richtung Beziehungspflege, Familie, Nachbarschaftshilfe oder Ehrenamt.

Erich Fromm arbeitet in „Haben oder Sein" als Gegenmodell zum Gedanken des Habens den Geist des Seins heraus, der sich durch folgende Punkte auszeichnet:[26]

1. die Produktion habe der Erfüllung der wahren Bedürfnisse des Menschen und nicht den Erfordernissen der Wirtschaft zu dienen;
2. das Ausbeutungsverhältnis der Natur durch den Menschen wird durch ein Kooperationsverhältnis zwischen Mensch und Natur ersetzt;
3. oberstes Ziel der Gesellschaft ist das menschliche Wohl und die Verhinderung menschlichen Leids;
4. maximaler Konsum ist durch einen vernünftigen Konsum (Konsum zum Wohle des Menschen) zu ersetzen;
5. der einzelne Mensch wird zur aktiven Teilnahme am gesellschaftlichen Leben motiviert.

Fromm spricht damit die geistige Dimension der Wachstumsdebatte an, die nicht auf ihre politischen oder wirtschaftlichen Aspekte reduziert werden darf, sondern viel tiefer reicht – bis zur Lebenskultur einer Gesellschaft und den zugrunde liegenden mentalen Modellen und Grundwerten. Nur wenn einem Weniger an Haben ein Mehr an Sein gegenüber steht, ist ein einfacheres, ressourcenleichteres und damit wachstumsunabhängigeres Leben auch einer breiten Masse als anstrebenswerte Alternative vermittelbar.

6. Top down und/oder bottom up?

Die Frage des Wachstums ist keine Frage der Quantität und kann nicht mit einem einfachen „weniger" beantwortet werden. Vielmehr ist das „Zuviel" eine Folge verschiedener Faktoren, die uns zu einer Neuorganisation der Gesellschaft herausfordern. Letztlich geht es um das „richtige Maß". Die Lösung liegt nicht in einem ohnmächtigen Mitwachsen, noch in einem verzweifelten Aussteigen, sondern in einer bewussten Haltungsänderung, in deren Verlauf Wissen, Selbstorganisation und Lebensqualität wachsen.[27]

Gefordert ist eine grundsätzliche Neudefinition von Erfolg. Hier braucht es eine Erfolgsmessung, die Wertschöpfung umfassend darstellt und die verschiedenen Dimensionen der Lebensqualität mitgewichtet.

Ergänzend dazu ist auf globaler, europäischer, nationaler und regionaler Ebene eine Diskussion notwendig, die nicht nur die einseitig geführte Wachstumspolitik in Richtung Lebensqualität weiterentwickelt, sondern auch die entsprechenden Rahmenbedingungen schafft, um dem Raubbau am ökologischen Erbe und der zunehmenden sozialen Spaltung rasch und effektiv entgegen zu wirken. Der notwendige Kurswechsel, der eine radikale Senkung der Energie- und Ressourcenverbräuche in der westlichen Industriegesellschaft bis 2050 auf etwa ein Zehntel des bisherigen Niveaus notwendig erscheinen lässt, ist noch lange nicht in Sicht. Die globale Staatengemeinschaft hat sich bisher als zu schwach erwiesen. Ein wirksames globales Steuerungsmodell scheitert bislang an nationalen Einzelinteressen. Nicht wenige, die den notwendigen Kurswechsel in den letzten beiden Jahrzehnten vor allem von oben erwartet haben, sind heute enttäuscht oder zumindest sehr ernüchtert. Nichts destotrotz gilt es, die Etablierung von Instrumenten für eine globale Sustainability Governance – ob beispielsweise im Klimaschutz, in der Entwicklungspolitik oder im Bereich Finanztransaktionssteuer – konsequent und unbeirrbar voran zu treiben.

Im Bewusstsein, dass die Neugestaltung unserer Weltgesellschaft nicht von oben – „top down“ – verordnet, sondern vielmehr von unten – „bottom up“ – möglich gemacht werden muss, gilt es, die Fähigkeit zur Selbstorganisation zu stärken. Regionalität, Beteiligung, Freiwilligenengagement und eine „gute“ persönliche Lebenskultur sind und bleiben die Kernelemente einer zukünftigen Gesellschaft, die nicht mehr einseitig auf Wachstum, sondern auf Lebensqualität und Nachhaltigkeit ausgelegt ist. Dabei sind lebendige und weltoffene Regionen, die nicht nur Wirtschafts- und Lebensräume sondern auch Identifikations- und Gestaltungsräume sind, von besonderer Bedeutung. Hier entstehen die positiven Zukunftsbilder, die neuen Ideen, die innovativen Modelle und die Aufbrüche, die aus einem weltweiten Netzwerk an Kristallisationskernen letztlich ein Muster einer Gesellschaft der Zukunft entstehen lassen. Neue gesellschaftliche Bewegungen – wie beispielsweise der Arabische Frühling in den nordafrikanischen Staaten oder „Occupy“ – sind spontan entstanden und haben gezeigt, welche Initiativkraft in der Zivilgesellschaft steckt. Diese kann sich in Wut, Gewalt und Revolution entladen. Diese Bewegungen können aber auch tief greifende Reformen unserer Gesellschaft anstoßen –, vorausgesetzt, Teilhabe und aktive Mitgestaltung werden gezielt gefördert.

Anmerkungen

1 Vgl. BUND Deutschland u. Brot für die Welt (Hg.): „Zukunftsfähiges Deutschland in einer globalisierten Welt". Eine Studie des Wuppertal Instituts für Klima, Umwelt und Energie, 2. Auflage, Frankfurt, Dezember 2008, S. 91.

2 Vgl. Oberösterreichische Nachrichten, 10. Jänner 2012.

3 Vgl. Landespressestelle Vorarlberg (Hg.): „Wachstum, Wohlstand und Lebensqualität: Vorarlberg startet Diskussionsprozess über zukünftige Entwicklung", Unterlage zur Pressekonferenz mit Landeshauptmann Dr. Herbert Sausgruber und Dr. Manfred Hellrigl, 10. Juni 2011.

4 Vgl. www.wikipedia.org/wiki/Wertschöpfung

5 Vgl. www.beyond-gdp.eu

6 Vgl. BUND Deutschland u. Brot für die Welt (Hg.): „Zukunftsfähiges Deutschland in einer globalisierten Welt". Eine Studie des Wuppertal Instituts für Klima, Umwelt und Energie, 2. Auflage, Frankfurt, Dezember 2008, S. 34.

7 Vgl. Bundesministerium für Land- und Forstwirtschaft, Umwelt und Wasserwirtschaft (Hg.), Ressourceneffizienzaktionsplan (REAP), Wien 2012, S. 11.

8 Vgl. www.nachhaltigkeit.at

9 Vgl. BUND Deutschland u. Brot für die Welt (Hg.): „Zukunftsfähiges Deutschland in einer globalisierten Welt". Eine Studie des Wuppertal Instituts für Klima, Umwelt und Energie, 2. Auflage, Frankfurt, Dezember 2008, S. 121.

10 Vgl. www.footprint.at

11 Vgl. Bundesministerium für Land- und Forstwirtschaft, Umwelt und Wasserwirtschaft, Ressourceneffizienzaktionsplan (REAP), Wien 2012, S. 5.

12 www.lebensministerium.at

13 www.klimabuendnis.org

14 www.transitionnetwork.org

15 Vgl. Paech, Niko: „Vom grünen Wachstumsmythos zur Postwachstumsökonomie", S. 138-140.

16 Vgl. www.euregio.at

17 www.ovb-online.de/chiemgau, Beitrag „Erneut Rekordjahr für „Chiemgauer".

18 Vgl. Gelleri, Christian; Mayer, Thomas: „Expressgeld statt Euroaustritt – Wirtschaftsaufschwung in den Krisenstaaten durch umlaufbeschleunigtes und abflussgebremstes Regiogeld", Februar 2012, S. 1-3.

19 Vgl. More-Hollerweger, Eva: „Die ökonomischen Potenziale der Freiwilligenarbeit in Österreich", Vortrag am 25. November 2011 in Salzburg, S. 6.

20 Vgl. www.agenda21-ooe.at/presse/pressemeldungen/pressemeldungen/beitrag/agenda-21-netzwerktreffen-ooe-motor-fuer-buergerschaftliches-engagement-zur-gestaltung-der-zukunft

21 Vgl. Miegel, Meinhart: „Wohlstand ohne Wachstum". In: Königswieser & Network journal zum Thema „Wachsen", Ausgabe 7, September 2011, S. 4.

22 Vgl. BUND Deutschland u. Brot für die Welt (Hg.): „Zukunftsfähiges Deutschland in einer globalisierten Welt". Eine Studie des Wuppertal Instituts für Klima, Umwelt und Energie, 2. Auflage, Frankfurt, Dezember 2008, S. 595.

23 Vgl. „Armutsbericht: 230.000 können von ihrem Gehalt nicht leben". In: Die Presse, 19. Jänner 2009.

24 Vgl. „Griechenland versinkt im Elend". In: www.rp-online.de, 12. Feber 2012.

25 Vgl. wikipedia.org/wiki/Henry_David_Thoreau

26 Vgl. Vgl. wikipedia.org/wiki/Haben_oder_Sein

27 Vgl. Königswieser, Roswitha: In: Königswieser & Network journal zum Thema „Wachsen", Ausgabe 7, September 2011, S. 3.

Wachstum der Finanzmärkte und quantitatives Wirtschaftswachstum

Maria Abraham-Mülleder

Die Menge und der nominale Wert der an den Finanzmärkten gehandelten Werte und Instrumente, die globale Geldmenge und die öffentlichen und privaten Schulden haben seit Beginn der Deregulierung der Finanzmärkte in den 1980er Jahren schier unglaubliche Ausmaße erreicht.

Einige (willkürlich ausgewählte) Zahlen: Zwischen 2003 und 2007 wuchs die globale Wirtschaft am stärksten und längsten seit den 1970er Jahren. In absoluten Zahlen ausgedrückt belief sich die weltweite Produktion von Gütern und Dienstleistungen im Jahr 2011 auf über 70 Billionen US-Dollar, womit sie sich seit dem Jahr 1996 mehr als verdoppelt hat. Die Höhe der Geldmenge in den G-5 Volkswirtschaften wuchs in den Jahren 1990 bis 2006 von 18 Prozent auf etwa 80 Prozent des gesamten Bruttoinlandsprodukts dieser Länder.[1] Der Bargeldumlauf in der Eurozone betrug im Oktober 2011 840 Milliarden Euro, die größte Geldmenge M3 belief sich hingegen auf 9780 Milliarden Euro.[2] Die Umsätze an den Devisenmärkten stiegen von 600 Milliarden US-Dollar Ende der 1980er Jahre auf über 2 Billionen US-Dollar im Jahr 2007.[3] Die Krise 2008 und die anschließende Rezession beendeten zwar die insgesamt drei Jahrzehnte dauernde Expansion der globalen Kapital- und Finanzmärkte. Ihr Wachstum kehrte aber auch deshalb zurück, weil sich viele Staaten um insgesamt 4,4 Billionen US-Dollar zusätzlich verschuldeten. Die Summe aller Staatsschulden weltweit wuchs von unter zwanzig Billionen US-Dollar im Jahr 2000 auf etwa 40 Billionen US-Dollar im Jahr 2011.[4]

Wozu Geld?

In den Wirtschaftswissenschaften wird diese Frage meist mit den funktionellen Aspekten von Geld beantwortet: Geld als Tauschmittel, Geld als Wertaufbewahrungsmittel oder Geld als Wertmaßstab. In einem weiteren Sinn kann Geld als „Konvention", als Versprechen des Umtauschs in Waren betrachtet werden. Zu ethischen und psychologischen Fragen äußert sich der klassische Ökonom nicht, lieber spricht er von der „Neutralität des Geldes". Diese „Neutralität" bringt mit sich, dass Geld wie ein „Schleier" (K. Wicksell) über allen wirtschaftlichen Transaktionen liegt, selbst aber neutral in Bezug auf die Entwicklung der gesamtwirtschaftlichen Produktion ist und die Realwirtschaft (langfristig) nicht beeinflusst.

In einem Fiat-Geldsystem, wie es seit dem Ende der Bretton-Woods-Ära praktisch weltweit vorherrscht, ist Geld vor allem „Kredit". Der Begriff ist vom lateinischen „fiat" („es werde") abgeleitet. „Fiat-Geld (...) ist Geld ohne intrinsischen Wert: Es wäre wertlos, würde es nicht als Geld benutzt werden."[5] Allein aufgrund der Tatsache, dass Zinsen auf das geliehene Kapital bezahlt werden müssen, ist der Schuldner gezwungen, Profite zu erzielen. Er kann die Kredite für Investitionen verwenden, die eine Rendite erwirtschaften, welche auch den Zinsaufwand abdeckt. Er kann an den Finanzmärkten spekulieren und hoffen, dass sich sein eingesetztes Kapital vermehrt. In jedem Fall muss das Kapital aber „wachsen", ansonsten würde das Kreditrisiko kaum eingegangen werden.[6]

Wozu Finanzmärkte?

Oft wird die wirtschaftliche Entwicklung der letzten zwei bis drei Jahrzehnte als eine zu bedauernde „Abkoppelung der Finanzmärkte von der Realwirtschaft" bezeichnet. Diese der klassischen Wirtschaftstheorie zugeschriebene Trennung der Wirtschaft in Real- und Finanzwirtschaft ist nicht unumstritten. Die Begriffe, die als solche vor allem im deutsch- und französischsprachigen Raum verwendet werden (im Englischen wird von „product markets" und „financial markets" gesprochen), enthalten bereits eine Wertung. Die „reale" (geldlose) Wirtschaft wird demnach als das Greifbare, Physische vermittelt, dem das Irreale, Unverständliche, Virtuelle der Finanzmärkte gegenübersteht, womöglich sogar untergeordnet ist. Dabei war es zuerst das Industriekapital, das mit erfolgreichem Lobbyismus in den USA die Liberalisierung der Finanzmärkte anstieß. Aufgrund sinkender Profitraten in den 1970er Jahren investierten die Unternehmen ihre Gewinne immer seltener in der Realwirtschaft sondern in spekulativen Finanzprodukten und Immobilien. Eine Unterscheidung in Real- und Finanzökonomie ergibt angesichts dieser „Finanzialisierung" wenig Sinn.[7] Trotzdem soll die Terminologie hier – wenn auch mit Vorbehalt – beibehalten werden, da sie erstens gebräuchlich ist und zweitens dazu beiträgt, bestimmte Sachverhalte verständlicher machen zu können.

Die eigentliche Aufgabe der Finanzmärkte wird als die einer „Dienerin" der Realwirtschaft beschrieben, die den reibungslosen Ablauf von allen Stufen des Prozesses der Güterproduktion garantieren soll, indem sie Geld (Liquidität) zur Verfügung stellt, Fristen transformiert und Risiken übernimmt und verteilt.

Ein wichtiges Ziel der Wirtschaftspolitik ist es folglich, „Kreditklemmen" zu verhindern, eine Situation, in der Banken ihrer Aufgabe, Kredite zu vergeben, nicht mehr nachkommen. Wenn Unternehmen Kreditklemmen fürchten müssen oder bereits erleben, investieren sie weniger, was zu einem Teufelskreis aus Produktionsrückgängen und höherer Arbeitslosigkeit, Rückgang der gesamtwirtschaftlichen Nachfrage und Rezession führen kann.

Finanzmärkte sollen die „effiziente Allokation (Zuordnung) von Ressourcen" sicherstellen. Kapital sollte nicht nur dort eingesetzt werden, wo es kurzfristig die höchste Rendite erwirtschaftet, sondern auch dort, wo es für ein nachhaltiges Wachstum der Wirtschaft benötigt wird. Mit dem Einbeziehen der Zukunft (der Zeitkomponente) können Erwartungen gehandelt und zukünftige Entwicklungen „gepreist", also mit einem Preis versehen werden. Das geht weit über die frühere Tauschwirtschaft und auch weit über einfachere Formen von Kreditwirtschaft hinaus, in der Zeit und Erwartungen meist nur zwischen Gläubiger und Schuldner relevant waren.[8] Moderne Finanzmärkte machen es möglich, dass Forderungen und Verbindlichkeiten in komplizierte Finanzprodukte umgewandelt und weltweit verkauft werden können. Zwar gibt es die Praxis der Kredit-Verbriefung (Kredite werden gebündelt und als Sicherheit für Anleihen verwendet) bereits seit den 1980er Jahren. Seit dem Jahr 2000 wuchsen das Volumen und die Komplexität der so entstandenen Finanzvehikel aber enorm an. Das Kreditrisiko konnte weltweit gestreut werden, sodass schlussendlich niemand mehr wusste, wo wie viel Risiko tatsächlich entstanden war.[9]

Die Akteure an den Finanzmärkten sind in ihren Entscheidungen deren unausweichlicher Logik unterworfen: In ihren strategischen Entscheidungen sind sie gezwungen, eine Maximierung des Gewinnes anzustreben, bei einer Minimierung des eingegangenen Risikos. Außerdem muss immer darauf geachtet werden, ein Mindestmaß an Liquidität (wie schnell kann die Veranlagung wieder zu Bargeld gemacht werden?) zu erreichen. All dies wird unter sehr kurzfristigem Horizont (meist ein Jahresquartal) betrachtet und zu rein abstrakt-monetären Größen bewertet.[10] Externe Kosten wie

Umweltverschmutzung, soziale Kosten („Rettungsmaßnahmen“ durch den Staat in einer Krise) werden auf die Gesellschaft abgeschoben. Im Grunde gilt das auch für das kapitalistische System an sich. Auch Investitionen und Entscheidungen in der Güter- und Dienstleistungsgesellschaft (Realwirtschaft) sind dem Gewinnstreben unterworfen. Ausgedrückt mit Worten eines seiner am meisten polarisierenden Vertreter: „The social responsibility of business is to increase its profits.“ (Milton Friedman, 1970). Trotzdem ist diese Logik an den Finanzmärkten viel unmittelbarer sichtbar, und zwar wegen ihrer schieren Größe, der Schwankungen und letztlich der Tatsache, dass nur mit einem Gut gehandelt wird: mit Geld. Auch wenn einzelne Finanzmarktakteure aus ethischen oder anderen Überlegungen aus dieser Logik ausbrechen wollten, würde sich am System selbst nichts ändern. Es wären sofort andere Investoren oder Spekulanten bereit, deren Platz zu übernehmen.

Diese Logik führt zu einem der gravierendsten Mängel der Finanzmärkte, wenn nicht des kapitalistischen Wirtschaftssystems überhaupt, nämlich der Tendenz zu Übertreibungen, zur Blasenbildung (bubbles) und zu periodischen Zusammenbrüchen (crashes).[11] Ausgangspunkt ist wiederum in vielen Fällen die Realwirtschaft, in der eine Erfindung, ein neues Produkt oder eine neue Technologie für Begeisterung sorgt. Diese Erfindung verändert das Leben vieler Menschen, sie hat eine enorme Breitenwirkung und wird zu einem Massenphänomen.

Im neunzehnten und zu Beginn des zwanzigsten Jahrhunderts waren es die neuen Möglichkeiten des Transports (Eisenbahn, Automobil) und der Telekommunikation (Telefon, Fernschreiber), mit deren Hilfe Waren und Nachrichten schneller an ihr Ziel kamen. Ein Investitionsboom wurde ausgelöst, der letzten Endes 1929 zum Börsenkrach führte. In den 1990er Jahren sorgte die Computer- und Internet-Revolution für einen Börsenaufschwung, der im Jahr 2000 endete. Die jüngste „Blase“ ging vom amerikanischen Immobilienmarkt aus. Sie wurde ausgelöst von der politischen Entscheidung, so vielen Menschen wie möglich den Kauf eines eigenen Hauses zu ermöglichen.

Der Börsenaufschwung und der anschließende crash laufen in den meisten Fällen nach demselben Muster ab. Die Medien tragen ihren Teil bei, indem sie „Geschichten“ dazu erzählen, immer mit dem Hinweis, „dieses Mal ist alles anders“ – die Blase sei gar keine, die Entwicklung sei nachhaltig, geschuldet neuen Bedürfnissen, neuen Erkenntnissen, einem neuen Zeitalter.

Zwei Beispiele, wie Finanzmärkte in den Dienst genommen werden können

Finanzmärkte fungieren in beiden Beispielen als Intermediäre (Vermittler), die gebraucht werden, um wirtschaftspolitische Ziele zu erreichen. Das soll keinesfalls heißen, dass es nicht in Bereichen des Finanzsektors selbst zu gravierenden Fehlentwicklungen kam und immer noch kommt. Dazu gehören im Fall der Finanzkrise 2007/08 ein auf kurzfristige Gewinne ausgerichtetes Vergütungssystem (Boni), zu wenig und falsche Regulierung, mangelhafte Aufsicht, die die Entstehung eines unüberblickbaren „Schattenbankensystems“[12] begünstigte, und zwar die Entwicklung sogenannter „toxischer“ Finanzprodukte und die teilweise kriminelle Vergabepraktik von Krediten an Personen mit sehr geringem Einkommen in den USA.

Die Globalisierung der Weltwirtschaft und die Rolle der Finanzmärkte

Mit dem Eintritt neuer Märkte in den Welthandel wurden die Rahmenbedingungen für die Weltwirtschaft fundamental geändert. China begann bereits in den 1970er Jahren, seine Wirtschaft langsam zu öffnen; die Entwicklung beschleunigte sich aber erst ab Mitte der 1990er Jahre. Mit China traten Indien und andere asiatische Schwellenländer („asiatische Tigerstaaten“), etwas später die lateinamerikanischen Länder und die Öl exportierenden Staaten des Nahen Ostens in das globalisierte Wirtschaftssystem ein. Für Europa besonders von Bedeutung war der Fall des Eisernen Vorhangs, der die wirtschaftlich völlig desolaten Länder des ehemaligen Ostblocks zu „aufstrebenden Märkten“ und damit gleichzeitig zu Konkurrenten und begehrten Absatzmärkten machte.

Es entstand ein System gegenseitiger Abhängigkeiten zwischen den alten Industrieländern und den Schwellenländern, vor allem aber zwischen China und den Vereinigten Staaten. Beruhend auf einer zuerst inoffiziellen, ab Mitte der 1990er Jahre offiziellen Anbindung der chinesischen Währung Renminbi (auch: Yuan) an den amerikanischen Dollar konnte China das Währungsrisiko gegenüber seinem wichtigsten Handelspartner, den USA, quasi ausschalten. Somit wurde der Exportsektor, auf dem die chinesische Wachstumsstrategie fußte, durch Devisenmarktinterventionen subventioniert. Um aber einen bestimmten Wechselkurs aufrechterhalten zu können, musste die chinesische Zentralbank verhindern, dass die Dollars, die aus den Warenverkäufen in das Land strömten, in chinesische Währung umgetauscht wurden. Die steigende Nachfrage nach Renminbi hätte ansonsten bald den Wechselkurs aufgewertet, der Wettbewerbsvorteil chinesischer Exporte wäre verschwunden. Die chinesische Zentralbank kaufte daher die überschüssigen Dollar auf, um sie dem Geldkreislauf zu entziehen. Die so entstehenden Devisenreserven mussten in einer Form angelegt werden, die den Wechselkurs nicht in Gefahr bringen würde. Also nicht in China selbst, da so die Nachfrage nach Renminbi und der Wechselkurs erst recht wieder gestiegen wären. Die chinesische Zentralbank legte sie in einem Land an, das ungeheure Gewinne an den Finanzmärkten versprach: in den Vereinigten Staaten von Amerika. In den 1990er Jahren war es der Aktienmarkt; in den Jahren nach 2003 konnten hohe Renditen mit strukturierten Produkten erzielt werden, die auf Immobilienkrediten beruhten. Doch meistens legten China und bald auch die anderen Schwellenländer ihre aus dem Export stammenden Dollars in amerikanischen Staatsanleihen an.

Die hohe Nachfrage nach amerikanischen Staatsschulden verringerte deren Zinsen und erlaubte es dem amerikanischen Staat und seinen Bewohnern, sich zu extrem günstigen Bedingungen zu verschulden. Diese Kredite wiederum wurden für Immobilienkäufe oder Konsum aufgenommen. Die Immobilienblase der Jahre nach 2005 beruhte also auch auf dem Erfolg der chinesischen Währungspolitik.

In diesen Jahren mussten die Zentralbanken des Westens eine Antwort auf die deflationäre Gefahr durch die billigen Warenströme aus den Schwellenländern finden. Sie hatten im Grunde zwei Möglichkeiten, mit diesem Druck auf die heimischen Preise und die damit verbundene Abwanderung von Produktion in Billiglohnländer umzugehen:[13] Erstens hätten sie die strukturelle Arbeitslosigkeit, die durch die Abwanderung von Industriebereichen entstand, akzeptieren können und mittels Fiskalpolitik (Sozialtransfers zur Bekämpfung von Arbeitslosigkeit) gegensteuern können. So wäre es zu einer Umverteilung zwischen den Gewinnern dieser Entwicklung (denen, die ihre Arbeitsplätze behalten konnten) und den Verlierern (den Arbeitslosen) gekommen. Zweitens konnten sie, um Wirtschaftswachstum zu erzeugen, versuchen, Beschäftigung für die Globalisierungsverlierer zu schaffen. Die westliche Welt entschied sich für die zweite Alternative und schuf über lockere Geldpolitik und das dadurch induzierte kreditgetriebene Wachstum zahlreiche Arbeitsplätze in „geschützten Sektoren“ wie dem Baugewerbe und dem Staatsbereich.

Die Schwerpunkte lagen in jedem Land woanders. Während zum Beispiel die USA und Spanien mehr Jobs im Bausektor schufen, entstanden in Großbritannien oder Griechenland neue Arbeitsplätze im Umfeld der öffentlichen Hand. Die von den Zentralbanken verfolgte Niedrigzins-Politik, die die Kreditvergabe der Banken vervielfachte, trug dazu bei, dass über den Umweg Finanzmärkte Investitionen in diesen Sektoren getätigt wurden.

Der gesellschaftlich-politische Wunsch in den alten Industrieländern, die Auswirkungen der globalen Ungleichgewichte, die zu Einkommensrückgängen geführt hätten, nicht spürbar werden zu lassen, führte zu einer steigenden Staatsverschuldung. Sie wurde erleichtert durch die niedrigen Zinsen. Und schließlich haben die menschlichen Faktoren Gier und Dummheit zu einem explosiven Gemisch geführt, welches die Finanzkrise, die anschließende Rezession und die Staatsschuldenkrise verursacht haben. Dass die Finanzmärkte letztlich Auslöser waren, liegt an der hohen Instabilität und Nicht-Nachhaltigkeit des Finanzsystems selbst.[14]

Geldpolitik und Finanzmärkte in Zeiten der Krise

Eine noch viel direktere und unverzichtbarere Rolle spielen die Finanzmärkte, seitdem die Schuldenkrise der Eurozone offen ausgebrochen ist. Manchmal wird bereits von der „Zentralbankgeld-Wirtschaft“[15] gesprochen, in der die Märkte so sehr vom billigen Geld der Zentralbanken abhängen, dass es unvorstellbar scheint, eine Rückkehr zu einem herkömmlichen Geldsystem zu bewerkstelligen.

Die Europäische Zentralbank (EZB) darf entsprechend ihren Statuten (und im Gegensatz z.B. zur amerikanischen oder englischen Zentralbank) keine Staatsanleihen aufkaufen, um das Zinsniveau und die Marktnachfrage zu stabilisieren. Entgegen der vorherrschenden Meinung dienen die zahlreichen Markteingriffe der EZB nicht nur dazu, die Banken „zu retten“, sondern auch die Staatsfinanzen einzelner Länder. Europa ist viel stärker von seinem Bankensektor abhängig als die angelsächsischen Länder, deren Kapitalmärkte besser ausgebaut sind. Die Staatsanleihen der europäischen Länder wurden zu einem sehr hohen Anteil von Banken gehalten. Banken finanzieren also nicht nur Unternehmen und Haushalte, sondern auch die Staaten, indem sie deren Schulden (Staatsanleihen) kaufen. Ist der Bankensektor dazu nicht in der Lage, weil er beispielsweise in einer (selbst verschuldeten) Finanzkrise steckt, sind auch die Staatsfinanzen unmittelbar gefährdet. Entschließen sich die Banken nämlich zu einer Verringerung ihrer Risikopositionen (De-Leveraging) und verkaufen Staatsanleihen, steigen sofort die Kredit-Zinsen für diese Staaten. Das verteuert sowohl die Aufnahme neuer Kredite als auch die Zinszahlungen auf bestehende Zwischenfinanzierungen.

Genau diese Gefahr entstand, als im Lauf des Jahres 2010 klar wurde, dass Griechenland seine Schulden wahrscheinlich nicht würde zurückzahlen können. Um einen plötzlichen Wertverlust auf griechische Anleihen nach einem angenommenen Schuldenschnitt zu vermeiden, begannen die Inhaber griechischer Papiere, diese zu verkaufen. Da in einem einheitlichen Währungsraum eine starke Verflechtung der Finanzsektoren der einzelnen Länder herrscht, hätte eine ungeordnete Zahlungsunfähigkeit Griechenland über die betroffenen Finanz-Teilbereiche zu einer „Ansteckung" anderer Länder wie Italien, Spanien und Portugal geführt. Die politischen Eliten konnten sich lange nicht auf eine gemeinsame Vorgehensweise einigen[16], daher begannen Inhaber von italienischen, spanischen und griechischen Staatsanleihen diese zu verkaufen. Das Ergebnis waren steigende Zinsen für diese Länder, die rasch die Schuldentragfähigkeit überstiegen hätten.

Die EZB suchte daher einen (für sie akzeptablen) Kanal, um die Nachfrage nach Staatsanleihen wiederzubeleben. Sie tat dies über Liquiditätsprogramme für Banken. Europäische Banken nahmen Kredite über insgesamt mehr als eine Billion Euro für eine Laufzeit von drei Jahren zu einem Zins von einem Prozent bei der EZB auf. Dafür gibt es seitens der Politik die Erwartungshaltung, dass die Banken dieses Geld für den Ankauf von Staatsanleihen verwenden, was sie zum Teil auch tatsächlich getan haben. Damit erreicht die EZB gleichzeitig, dass sich die Ertragssituation der Banken verbessert. Die Lösung der Staatsschuldenkrise wird vom Funktionieren der Finanzmärkte abhängen. Ob dies wünschenswert ist, sei dahingestellt. Ein Wirtschafts- und Politiksystem wie das europäische, das so stark von der Funktionsfähigkeit seiner Banken abhängt, fürchtet jedoch die Alternativen.

Welches Finanzsystem für die Zukunft?

Grundsätzlich sollte unser Wirtschaftsmodell „Kapitalismus" sicherer und weniger anfällig für Krisen gemacht werden. Aber wie? Die möglichen Antworten auf diese Frage sind unüberschaubar und oft widersprüchlich. Eine der großen Diskussionen, die seit Ausbruch der Krise (wieder) geführt wird, ist die Diskussion, ob Kapitalismus inhärent instabil sei. Die Auffassung der klassischen Ökonomie war ja, dass eine freie Marktwirtschaft unter Wettbewerbsbedingungen mit einer unabhängigen Zentralbank, die die Inflation im Zaum hält, von selbst in einen Gleichgewichtszustand kommt. Der Glaube an die Selbstheilungskräfte des freien Marktes scheint vorerst einmal verloren gegangen zu sein. Ob und wie die Politik, die in den letzten Jahren der Disziplinierung durch die Märkte ausgesetzt war und es immer noch ist, in der Lage sein wird, dieses entstandene Vakuum auszufüllen, wird sich zeigen.

Fragen, die es zu beantworten gilt

Wie werden sich Finanzmärkte in einem Geldsystem, das auf Kredit und auf Vertrauen in seine Währung und in die sie garantierenden Institutionen basiert, entwickeln, wenn das Wirtschaftswachstum sehr gering ist? Ist zu viel Liquidität vorhanden (Geldblase) oder zu wenig Geld im Umlauf – oder beides? Welche Rolle werden die Finanzmärkte bei drängenden Verteilungsfragen spielen? Werden Kapitalbesitzer (Rentiers) im Vorteil sein und ihren Besitz mittels eines positiven Realzinses vermehren können? Oder werden Schuldner als die Gewinner hervorgehen, da ihre Schulden von einem negativen Realzinses verringert wurden? Wird der Kapitalzins seine Aufgabe erfüllen und – angesichts der steigenden Geldmenge – Geld und Kredit billiger machen und damit Sparen und Horten unattraktiver, sodass Geld wieder in Umlauf gebracht wird? Kann Deflation verhindert werden? Oder ist doch eher Inflation zu befürchten? Was passiert mit den Sozial- und Pensionssystemen in überschuldeten, alternden Volkswirtschaften bei geringem Wirtschaftswachstum? Können Finanzmärkte „nachhaltig" gemacht werden?

Nachhaltigkeit[17] und Finanzmärkte – das erscheint auf den ersten Blick wie ein Widerspruch. Wie kann ein System, das so kurzfristig und rein quantitativ ausgerichtet ist, nachhaltiger werden? Ethikfonds, Socially Responsible Investments, Mikrofinanz und andere Finanzinstrumente, die versuchen, aus dieser Logik der Kurzfristigkeit auszubrechen, haben nicht genug Einfluss, um das System an sich zu ändern. Hält man grundsätzlich an der Beibehaltung eines kapitalistischen Wirtschaftssystems fest, verwirft man also den Gedanken an einen völligen Systemumsturz, vielleicht auch weil sich keine wirklich gangbare Alternative finden lässt, kann nur versucht werden, die systemimmanenten Schwächen des jetzigen Systems zu thematisieren und zu beseitigen.

Es wird also nicht versucht, ein völlig neues Wirtschaftssystem (am besten ohne Finanzmärkte) zu entwerfen, sondern man sucht nach Möglichkeiten, das bestehende System stabiler – im Sinn von nachhaltiger – zu machen.

Finanzmarktstabilität ist in einer globalen, vernetzten Welt essentiell, da die einzelnen, nationalen (Finanz-)Märkte miteinander verbunden sind und eine Krise in einem (Teil-)Bereich das gesamte System gefährden kann (wie nach dem Zusammenbruch der

Investmentbank Lehman oder bei der Zahlungsunfähigkeit Griechenlands zu beobachten war). In Krisen kommt es zu Ansteckungseffekten. Mangelnde Liquidität kann dann völlig gesunde Sektoren in eine Abwärtsspirale ziehen. In unserem Wirtschaftssystem – in dem Erwartungen der Marktteilnehmer eine so große Rolle spielen – ist Finanzmarktstabilität ausschlaggebend für eine zuverlässige Erwartungsbildung. Jürgen Stark spricht sogar vom „öffentlichen Gut Finanzsystemstabilität".[18]

Welche Rollen sollen der Bankensektor und die Zentralbanken nach der Krise übernehmen? Könnten Geschäftsbanken nicht auch öffentliche Dienstleister unter staatlicher Aufsicht sein, die das öffentliche Gut „Geld" schöpfen, produktive Kredite mit niedrigen Zinsen für die Wirtschaft bereitstellen und öffentliche Defizite finanzieren? Oder, um das andere Extrem zu nennen, ist ein gewinnorientierter, völlig unkontrolliert agierender, in Konkurrenz stehender Bankensektor vielleicht doch effizienter und „gerechter"? Sollen Banken weiterhin riskante Eigenhandelsgeschäfte betreiben, dank impliziter Staatsgarantien hohe Risiken eingehen? Oder soll mit der Drohung – durch zu viel Regulierung würden Kreditklemmen entstehen – der Staat „in Geiselhaft" (Barack Obama) genommen werden?

Allerdings existieren bereits zahlreiche Regulierungsinstitutionen oder wurden neu gegründet: der international agierende Finanzstabilitätsrat FSB; seit 2010 das Europäische System für die Finanzaufsicht ESFS mit den einzelnen Aufsichtsbehörden wie der Bankenaufsicht EBA oder der Wertpapieraufsicht ESMA; das Bankenregulierungswerk Basel III; in den USA der Dodd-Frank-Act mit der Volcker-Regel, die den Eigenhandel der Banken unterbinden will und viele mehr.

Allerdings wird auch die beste Regulierung nicht verhindern können, dass Finanzmarktteilnehmer Schlupflöcher nutzen oder gesetzeswidrig handeln, indem sie in andere Länder ausweichen (Regulierungs-Arbitrage). Je stärker die Regulierung des offiziellen Finanzsektors ist, desto mehr werden die Aktivitäten in das Schattenbankensystem verlagert, wie derzeit in China zu beobachten ist.[19]

Damit zusammenhängend müssen auch die Vorgaben für Lobbyismus-Tätigkeiten neu geregelt werden. Das wirkliche Problem ist oft nicht, welche politischen Entscheidungen die Regierungen treffen, sondern wozu Lobbyisten die Regierungen überreden können.[20] Allein in Brüssel gibt es über zweitausend Finanzmarktlobbyisten.[21] In den Expertenkommissionen zur Neu-Regulierung der Finanzmärkte sitzen wieder hauptsächlich Mitglieder von Finanzunternehmen (so auch in der Lamfalussy-Gruppe zur Regulierung der Wertpapiermärkte in der EU).

Wie könnte eine internationale Kooperation in Finanzmarktfragen funktionieren?[22] Neben den kurzfristig gesetzten Maßnahmen, die vor allem im Rahmen der Nationalstaaten gesetzt werden (auch innerhalb der Europäischen Union), könnten die von den G-20 seit dem Jahr 2008 beschlossenen Verfahren einen ersten Anhaltspunkt für ein mittel- bis längerfristiges Vorgehen liefern. Gemeinsam mit dem Economic and Social Council (ECOSOC) der Vereinten Nationen könnte der von der Deutschen Bundeskanzlerin vorgeschlagene Weltwirtschaftsrat der Vereinten Nationen verwirklicht werden. Unter Aufsicht des Internationalen Währungsfonds kann ein Liquiditätssicherungsfonds gegründet werden, der – ähnlich wie bereits heute – die Sonderziehungsrechte, Liquiditäts- und Zahlungsbilanzprobleme mittels Krediten zu überbrücken hilft.

Eine wichtige Rolle kann die Bank für Internationalen Zahlungsausgleich (BIZ) mit ihrer Expertise in Fragen der Geldpolitik und der Bankenaufsicht übernehmen. Es kann aber auch ein Zuviel an Kooperation geben, und zwar dann, wenn durch komplizierte Koordinierungsmechanismen jede Entscheidung blockiert wird und kein Vorwärtskommen mehr möglich ist.

Auf makroökonomischer Ebene ist es unerlässlich, gegen die bestehenden Ungleichgewichte zwischen den einzelnen Ländern, die entscheidend zum Entstehen der Krise beigetragen haben, gemeinsam vorzugehen. Damit sind nicht nur die Länder mit Leistungsbilanzdefiziten gemeint, die jetzt unter Finanzierungsproblemen leiden, sondern auch die Länder mit ständigen Leistungsbilanzüberschüssen – als Kehrseite der Medaille. Während erstere immer mehr Schulden machen, häufen letztere immer mehr Guthaben an, die investiert werden müssen und tragen damit zur globalen Liquiditätsschwemme bei. Bereits J. M. Keynes hatte dieses Problem erkannt, als er auf der Konferenz von Bretton Woods, die im Jahr 1944 stattfand und die globale Wirtschaft nach dem zweiten Weltkrieg neu ordnen sollte, seinen eigenen Plan für ein Weltwährungssystem vorstellte.[23] Er sprach sich gegen den Plan der Amerikaner aus, den US-Dollar zur Welt-Leitwährung zu machen. Stattdessen schlug er die Gründung einer Union für den internationalen Zahlungsverkehr vor, einer Art internationaler Clearingstelle, die auf einer globalen Währung, dem „Bancor", beruhen sollte. Jedes Land würde ein Konto unterhalten, über dieses müssten sowohl Leistungsbilanzdefizite als auch Leistungsbilanzüberschüsse ausgeglichen werden. Für Schulden müssten Zinsen bezahlt werden, für Überschüsse eine Art Strafzins. Damit sollte der Aufbau von untragbaren Ungleichgewichten zwischen Schuldner- und Gläubigerländern vermieden werden.

Seit dem Zusammenbruch des Bretton-Woods-Systems im Jahr 1973 (es zerbrach an den Mängeln, die Keynes vorhergesehen hatte) gibt es im Grunde kein wirkliches Weltwährungssystem, sondern eher ein Nicht-System, in dem jeder Staat, ohne Rücksicht auf andere, in nicht-kooperativer Weise seine Währungspolitik festlegt. Ein neuer „Bancor" könnte auf einem Korb mit den wichtigsten Rohstoffen (und nicht auf einem einzigen Edelmetall wie Gold) basieren. Ähnlich dem Goldstandard wäre eine solche Waren-Reservewährung weder national noch kreditbasiert. In ihr könnten die Geschäftsbanken die Menge des umlaufenden Geldes nicht durch Kreditgewährung vermehren, daher nicht unbegrenzt Liquidität schaffen.

Wie wirkt sich die zunehmende Vermögens- und Einkommensungleichheit innerhalb der Gesellschaften aus? Tatsächlich wird sie von immer mehr Ökonomen als eine der Ursachen für die Instabilität des Kapitalismus erkannt. Während in den letzten Jahren die Meinung vorherrschte, Ungleichheit sei ein Leistungsanreiz, und der Reichtum weniger führe über den „trickle-down"-Effekt zu einem insgesamt höheren Wohlstandsniveau, wird mittlerweile in vielen Ländern (gerade in den USA) gefragt, ob zu hohe Ungleichheit negative Auswirkungen auf die Gesellschaft haben kann.[24]

Welche Richtung wird die Globalisierung einschlagen? Wird sie schwächer werden („De-Globalisierung") und die Nationalstaaten wieder erstarken lassen? Oder könnte eine neue Form der Globalisierung zu einer verbesserten internationalen Kooperation führen, letztlich zu einer Global Governance, die die wirtschaftlichen, sozialen und ökologischen Konflikte der Welt auf Basis von Fairness, ja sogar gegenseitiger Hilfe zu lösen versucht?

Kann Nachhaltigkeit durch Wertewandel erreicht werden? In seinem Artikel „The Sustainability Mindset"[25] spricht der Nobelpreisträger Michael Spence vom notwendigen Wertewandel, der einem nachhaltigen Wirtschaften vorausgehen muss. Nicht Wachstum sei das Problem und weniger Wachstum die Lösung, sondern eine Neuausrichtung des Wirtschaftsmodells ist anzustreben. Die Bürde, die durch unsere Lebensweise der Umwelt und den natürlichen Ressourcen auferlegt wird, soll verringert werden. Es gibt jedoch kein wirklich alternatives Wirtschaftsmodell, das sich historisch bewährt hätte. Wir können nur unser bestehendes verbessern. Spence sieht zwei Faktoren als unerlässlich an: Bildung und Werte(wandel).

Jeder Mensch – nicht nur Politiker und andere Entscheidungsträger – sollte die Folgen verstehen, die unsere Lebensweise für unsere Kinder und Enkelkinder hat. Bildung und Werte sind die Grundlage für tragfähige individuelle und letztlich kollektive Entscheidungen. Ohne sie werden von Regierungen beschlossene Politiken keine Unterstützung finden und im demokratischen Entscheidungsprozess chancenlos bleiben. Der Wandel zur Nachhaltigkeit muss vor allem ein „bottom-up"-Prozess, eine Entwicklung von unten sein, erst dann wird sich das Verhalten der Menschen, die als Konsumenten, Arbeitnehmer und Manager entscheiden, verändern.

Aber Werte verändern sich erst, wenn zuvor Wissen und Bildung erlangt und verbreitet wurden. Politische Maßnahmen, die auf Nachhaltigkeit zielen, werden dann folgen. Es bleibt zu hoffen, dass wir diesen Punkt erreichen, bevor noch größere Verwerfungen und Konflikte entstehen.

Ich danke Kurt Eichhorn, Claus Faber, Uli Krämer, Markus Marterbauer und Theresia Theurl für wertvolle Hinweise.

Anmerkungen

1 Becker, Sebastian: Globale Liquiditätsschwemme und Vermögenspreisinflation. In: DB Research, Juli 2007.
2 http://www.oenb.at/isaweb/report.do?report=1.3.1
3 http://www.oenb.at/de/stat_melders/statistische_publika/aussenwirtschaft/zahlungsbilanz/zabil_berichte_20021126.jsp
4 http://www.economist.com/content/global_debt_clock
5 Mankiw, N. Gregory: Principles of Economics, 2000. Online-Version. URL: http://books.google.at/books?id=oRgQ2goeFzwC&pg=PA659&q=fiat+money+&redir_esc=y#v=snippet&q=fiat%20money&f=false
6 Diese Annahme gilt für nominales Wachstum. Liegt die Inflationsrate über dem Zinssatz, spricht man von einem „negativen Realzins". Die Entschuldung passiert dann quasi automatisch.
7 http:// www.zeit.de/2011/33/Finanzkrise-Interview-Vogl
8 Ebd.
9 Green, Stephen: Good Value, Reflections on money, morality and an uncertain world, London, 2009 (eigene Übersetzung).
10 Büchele, Herwig; Kitzmüller, Erich: Das Geld als Zauberstab und die Macht der internationalen Finanzmärkte, Wien, 2005.

11 S. dazu im Besonderen den verstorbenen US-Ökonomen Hyman P. Minsky. Zum Beispiel: Stabilizing an Unstable Economy: A Twentieth Century Fund Report, 1986. Oder: The Financial Instability Hypothesis, 1992.

12 Das Schattenbankensystem umfasst u.a. Hedge Fonds, Geldmarkt-Fonds und Zweckgesellschaften von Banken, die allesamt kaum reguliert sind, weil sie beinahe völlig intransparent agieren dürfen. Ein Großteil aller vor der Krise vergebenen Kredite stammte aus dem Schattenbankensystem.

13 Ward, Karen: Can the West inflate away its debt? The Policy Paradox, HSBC, Global Research, Nov. 2011. URL: https://www.research.hsbc.com/midas/Res/RDV?ao=20&key=LgWrvYEN6y&n=314729.PDF (eigene Übersetzung).

14 http://www.zeit.de/meinung/2009-10/wachstum/seite-3

15 Mayer, Thomas: Willkommen in der ZBG-Wirtschaft. DB Research, März 2012.

16 So gab es in dieser Krise überhaupt nur zu Beginn ein gemeinsames Vorgehen. Spätestens als es darum ging, die eigenen Banken zu retten, kehrten die Länder der europäischen Währungsunion zu nationalen Politiken zurück. Eine Entscheidung, die immer noch nachwirkt.

17 Nachhaltigkeit wird hier definiert als die „Beibehaltung von effizienten Systemzuständen, die mit einer gewissen Stabilität und Unempfindlichkeit gegenüber externen Störungen einhergeht". Quelle: URL: http://www.die-gdi.de/CMS-Homepage/openwebcms3.nsf/%28ynDK_contentByKey%29/MRUR-7WVHBL?Open

18 Stark, Jürgen: Spielregeln für die Stabilität. In: Frankfurter Allgemeine Zeitung, Juli 2004.

19 http://www.bloomberg.com/news/2011-10-19/china-will-strictly-control-shadow-banking-risks-liu-says-1-.html

20 Johnson, Simon: The Libertarian and the Lobbyists, in: Project Syndicate, Jänner 2012. URL: http://www.project-syndicate.org/commentary/the-libertarian-and-the-lobbyists (eigene Übersetzung)

21 Harnischfeger, Uta: Hase Bank gegen Igel Finanzaufsicht. In: Financial Times Deutschland, April 2012.

22 Solte, Dirk: Die Krise als Chance, Vortrag für eine Veranstaltung von Justitia et Pax, Wien, 2009.

23 http://www.faz.net/aktuell/wirtschaft/wirtschaftspolitik/geld-chinas-plan-fuer-ein-neues-welt-waehrungssystem-1920600.html

24 http://www.nytimes.com/2011/10/23/opinion/sunday/social-inequality-and-the-new-elite.html?pagewanted=all

25 Spence, Michael: The Sustainability Mindset. In: Project-Syndicate, Feber 2012. URL: http://www.project-syndicate.org/commentary/the-sustainability-mindset (eigene Übersetzung)

Literatur

Bloomberg, 19.10.2009, URL: http://www.bloomberg.com/news/2011-10-19/china-will-strictly-control-shadow-banking-risks-liu-says-1-.html

Büchele, Herwig; Kitzmüller, Erich: Das Geld als Zauberstab und die Macht der internationalen Finanzmärkte, Wien, 2005.

Becker, Sebastian: Globale Liquiditätsschwemme und Vermögenspreisinflation. In: DB Research, Juli 2007.

Deutsches Institut für Entwicklungspolitik, 19.10.2009, URL: http://www.die-gdi.de/CMS-Homepage/openwebcms3.nsf/%28ynDK_contentByKey%29/MRUR-7WVHBL?Open

Die Zeit, Online-Version, 1.12.2009, URL: http://www.zeit.de/meinung/2009-10/wachstum/seite-3

Die Zeit, Online-Version, 11.8.2011, URL: http:// www.zeit.de/2011/33/Finanzkrise-Interview-Vogl

Economist, Online-Version, URL: http://www.economist.com/content/global_debt_clock

Frankfurter Allgemeine Zeitung, Online-Version, 28.3.2009, URL: http://www.faz.net/aktuell/wirtschaft/wirtschaftspolitik/geld-chinas-plan-fuer-ein-neues-welt-waehrungssystem-1920600.html

Green, Stephen: Good Value, Reflections on Money, Morality and an Uncertain World. London 2009.

Harnischfeger, Uta: Hase Bank gegen Igel Finanzaufsicht. In: Financial Times Deutschland, April 2012.

Johnson, Simon: The Libertarian and the Lobbyists, in: Project Syndicate, Jänner 2012. URL: http://www.project-syndicate.org/commentary/the-libertarian-and-the-lobbyists (eigene Übersetzung).

Mankiw, N. Gregory: Principles of Economics, 2000. Online-Version. URL: http://books.google.at/books?id=oRgQ2goeFzwC&pg=PA659&q=fiat+money+&redir_esc=y#v=snippet&q=fiat%20money&f=false

Mayer, Thomas: Willkommen in der ZBG-Wirtschaft. In: DB Research, März 2012.

Minsky, Hyman P.: The Financial Instability Hypothesis, 1992.

Minsky, Hyman P.: Stabilizing an Unstable Economy: A Twentieth Century Fund Report, 1986.

New York Times, Online-Version, 23.10.2011, URL:http://www.nytimes.com/2011/10/23/opinion/sunday/social-inequality-and-the-new-elite.html? pagewanted=all

Österreichische Nationalbank, URL:http://www.oenb.at/isaweb/report.do?report=1.3.1; http://www.oenb.at/de/stat_melders/statistische_publika/aussenwirtschaft/zahlungsbilanz/zabil_berichte_20021126.jsp

Solte, Dirk: Die Krise als Chance. Vortrag für eine Veranstaltung von Justitia et Pax, Wien, 2009.

Spence, Michael: The Sustainability Mindset. In: Project-Syndicate, 17. 2. 2012. URL: http://www.project-syndicate.org/commentary/the-sustainability-mindset (eigene Übersetzung).

Stark, Jürgen: Spielregeln für Stabilität. In: Frankfurter Allgemeine Zeitung, Juli 2004.

Armut in der Wachstums-Falle?

Rainald Tippow

Wirtschaftliches Wachstum gilt als der alternativlose Weg der Armutsbekämpfung. Wirtschaftliches Wachstum gilt zugleich als der gerade Weg in den ökologischen Untergang. Was ist also zu tun?

Von Armut zu reden, bedeutet, von Reichtum nicht zu schweigen. Nachfolgend möchte ich zeigen, dass vor dem Hintergrund mangelnden politischen Willens eine Verteilungsdebatte zu führen ist und dass nicht zuletzt ein gesellschaftlicher Wandel hin zu einem Paradigmenwechsel einsetzen muss, wenn das vorgegebene Ziel eines Ausstieg aus dem Teufelskreis des „Immer Mehr" erreicht werden soll. Voraussetzung ist zweifellos, dass die Notwendigkeit von Grenzen des Wachstums akzeptiert wird. Diese Dringlichkeit darf weder als Propaganda ideologisierender Ökobewegungen noch als primitiver Neidreflex derjenigen, die nicht zu den Besitzenden gehören, verdächtigt werden. Der angesprochene Paradigmenwechsel muss in die Richtung einer höheren Lebensqualität gehen – abgekoppelt von materiellem Reichtum.

Armut und Gier

Bei der Arbeit mit Menschen am Rand des Lebens und am Rand der Gesellschaft wird deutlich, dass fatalerweise das derzeit propagierte wirtschaftliche Dogma von Besitz, mehr noch von Reichtum als einzigem Weg zu einem geglückten Leben gerade bei benachteiligten und verarmten Personengruppen auf wärmste Zustimmung stößt. Werbebotschaften wie „werden Sie reicher als reich" und Werteumkehrungen im Stile von „Geiz ist geil" oder „hol das Beste für dich raus" sind insofern klare Signalfeuer. In dieser Art von Werbung spiegeln sich gesellschaftliche Grundgefühle: Gut geht es mir, wenn ich in der – wie es seit einigen Jahren heißt – Schnäppchenjagd – im Erwerb von lebensunwichtigen Konsumgütern – erfolgreich bin und wenn ich möglichst oft zu dieser Schnäppchenjagd ausrücken kann. Eine natürliche Grenze etwa nach dem Kauf des zweiten Tablet-PCs, des dritten Mobiltelefons, des vierten Flachbildschirms oder fünften TV-Geräts gibt es nicht.

Die Entsprechung der Mikro-Gier sind im globalen Rahmen die seit Jahren diskutierten Giervorgänge an den Finanzmärkten. Fatal ist dabei neben der allgemeinen Wachstumsideologie mit ihren bekannten Auswüchsen, dass weder das allgemeine Glücks- und Zufriedenheitsgefühl in den reichen Ländern gestiegen, noch die globale Armut – abgesehen von punktuellen Erfolgen in Schwellenländern mit gewaltig geöffneter Armutsschere – zurückgegangen ist. Der Reichtum in den Händen weniger ist gestiegen.

Finanzmarktblasen wurden geschaffen, sie sind nicht einfach aus sich selbst entstanden. Auch wenn es im Einzelfall selten gelingt, den Nachweis für die Hintergründe des Produzierens und Platzens oder Platzenlassens der Blase zu erbringen, zeigt sich in der Gesamtschau nach ein paar Jahren Finanzmarktkrise: Eine kleine Gruppe ist in der Folge der Krise reicher und zwar massiv reicher geworden. Eine große Gruppe hat verloren und zwar gewaltig. Global ebenso wie im österreichischen Mikrokosmos. Absolut gesehen ist der Reichtum in Österreich gestiegen, das heißt, es gibt mehr Besitz als je zuvor.

Reichtum und Armut – ein Zusammenhang

Die nachfolgenden Angaben, soweit sie soziale Fragen und Armut betreffen, stammen nicht von Reichtumsneidern, sondern sind offizielles Zahlenmaterial der Statistik Austria. Zuerst aber ein kurzer Blick in die Welt der Reichtumsentwicklung. Interessanterweise finden von offizieller Seite in Österreich keine Reichtumserhebungen statt. Die Statistik Austria veröffentlicht zwar das Ausmaß der Hollunderernte in Österreich, die Zahl an Ziegen in den einzelnen Bundesländern, oder auch das Transportaufkommen der Binnenschifffahrt, die Zahl der Millionäre ist nicht erhoben. Das ist weniger statistisch als vielmehr mit Blick auf den politischen Gestaltungswillen interessant.

Dennoch gibt es zum Reichtum in Österreich Zahlenmaterial, wenn auch nur eingeschränktes: Die Zahl der Personen, die mehr als eine Million Euro besitzen, hat sich in Österreich im Jahr 2010 auf rund 74.000 erhöht und ist damit um mehr als 7% gewachsen.[1] Laut dem Liechtensteinischen Vermögensreport der Valluga AG brechen die Millionäre derzeit eine Reihe von Rekorden. Ihre Zahl wächst ebenso wie ihr Vermögen. Letzteres liegt mit rund 9,5% Wachstum p. a. sogar weit über dem durchschnittlichen Wirtschaftswachstum. Der Grund dafür wird in den „Traumbedingungen an Kapital-

und Rohstoffmärkten"[2] gesehen. Stärker als der Reichtum der Millionäre wächst derzeit nur jener der Milliardäre. Neben all dem innerösterreichischen und bekannten Reichtum vermutet das österreichische Finanzministerium alleine in der Schweiz zwischen 12 und 20 Milliarden Euro Schwarzgeld, für das der Staat im Falle einer Amnestie auf eine Steuernachzahlung und damit Legalisierung in einem Umfang von rund einer Milliarde Euro hofft. Dass Österreich mit dieser schlampigen Lösung die Ambitionen der EU hinsichtlich einer vollkommenen Schwarzgeld-Offenlegung torpediert, ist ein politischer Aspekt. Ein Reichtums-Armuts-Aspekt ist jener, dass die Amnestie-Betroffenen, also ausschließlich reiche Personen, geschätzt auf der Basis bisheriger vergleichbarer Vorgänge in anderen europäischen Ländern, etwa nur ein Achtel jener Steuer zahlen müssen, die bei regulärer Versteuerung im Inland fällig geworden wäre.[3]

Auch im Wachstum begriffen – dennoch aber ganz anders – stellt sich die Armutssituation in Österreich dar. Im Jahr 2011 – und damit kommen wir zum Zahlenmaterial der Statistik Austria – hat die Zahl der absolut Armen mit 511.000 einen neuen Spitzenwert der jüngeren Geschichte erreicht. Daneben leben etwa eine Million Menschen in Österreich, die als armutsgefährdet gelten, jene also, die gerade so über die Runden kommen, solange nichts passiert. Eine kaputte Heizung oder Waschmaschine, eine Krankheit, die zur Beendigung eines prekären Arbeitsverhältnisses führt, ein Wasserschaden in der unter- oder gar nicht versicherten Wohnung, ein kalter Winter mit besonders hohen Energiekosten und viele weitere Gründe lassen die heikle Lebenssituation, die sich hinter dem Begriff „Armutsgefährdung" verbirgt, in nackte Armut kippen.

Armut bedeutet materiellen Mangel. Frieren in den eigenen vier Wänden war in Österreich im Jahr 2009 für 237.000 Menschen und ein Jahr später bereits für 313.000 Personen[4] winterliche Realität, feuchte und schimmelige Wände sind unveränderbare Parameter des Alltags, um nur einige Beispiele zu nennen. Viel mehr noch bedeutet Armut aber seelisches Leid, Angst vor der nächsten unbezahlbaren Rechnung, Schlaflosigkeit am Tag vor der Betriebskostennachforderung, Sorge um die eingeschränkte Zukunft der Kinder, Verzicht auf Einladungen, weil man kein Mitbringsel hat, erfundene Ausreden dafür, warum die Kinder bei Schulveranstaltungen fehlen, Beschämung in einer Gesellschaft der Tüchtigen, Stigmatisierung in einem Kult um das Glück, dessen Schmied wir doch selbst zu sein haben.

Zur Illustration noch ein Beispiel: Vier Euro, das ist jener Betrag, den ein Drittel der Klientinnen und Klienten der Sozialberatung der Caritas Wien nach Abzug der Fixkosten täglich zur Verfügung hat. Vier Euro für Essen, Babynahrung, Wohnungsreparaturen,

Ersatz von kaputtgegangenem Inventar, Kleidung, Schulausflüge. Von Teilnahme an Kulturveranstaltungen oder Urlaub zu schreiben, wäre in diesem Zusammenhang nicht nur schon rein mathematisch unredlich, sondern menschlich zynisch. Wenn wir schon bei Zynismus sind: In der Beurteilung des Boulevards befinden sich diese Menschen in der sozialen Hängematte.

Aber auch wenn wir nicht gezielt die Gruppe der im engen Sinn armutsverdächtigen Personen in den Blick nehmen, sondern etwa jenen erweiterten Personenkreis betrachten, der das untere Einkommensviertel ausmacht, so stellen wir eine unerträgliche Tendenz fest: Im ersten Jahrzehnt unseres Jahrhunderts ist das Gesamteinkommen dieser Gruppe um rund 10,2% gewachsen,[5] während der Verbraucherpreisindex um mehr als 20% gestiegen ist.[6]

Einerseits wachsen – wie gezeigt – hohe Einkommen und insbesondere Einkünfte aus Vermögen – gemessen am Wachstum des Bruttoinlandsprodukts – überproportional. Andererseits aber – und damit stoßen wir in die Eingeweide der Armutsthematik vor – verlieren niedrige Einkommen überproportional an Kaufkraft. Darüber hinaus sind niedrige Einkommen solche, deren Sparquote praktisch null beträgt. Menschen im unteren Einkommenssegment wenden das, was sie haben, zur Gänze dafür auf, ihren unmittelbaren Lebensbedarf zu decken. Das wäre angesichts der oben angeführten Zahlen alleine schon dann dramatisch, wenn die Kostensteigerung zur Deckung des Alltagsbedarfs im Rahmen der allgemeinen Teuerungsrate liegen würde. Genau das tut sie aber nicht. Die Jahresinflation 2011 betrug 3,6%, der so genannte „Miniwarenkorb", also jenes Segment des Konsums, das die Artikel des täglichen Gebrauchs beschreibt, ist um 6,9% gestiegen. Oder anders ausgedrückt: Die Kostensteigerung, die ein gutverdienender bürgerlicher Haushalt durch fallende Preise für Computer und Flachbildschirme dämpfen kann (und das in aller Regel auch tut), vermag jemand, der sich gerade das tägliche Leben leisten kann, nicht auszugleichen. Im Gegenteil: Die Preiserhöhung bei den Lebensmitteln, beim Heizen und den Betriebskosten liegt nunmehr bereits seit Jahren konstant über der Allgemeininflation.

Das Auseinanderdriften der Lebens- und Verständniswelten zwischen reich und arm zeigt sich unter anderem auch an einer derzeit vieldiskutierten Facette des öffentlichen Lebens – nämlich am desaströsen Umgang mit Korruption. Dieser wirft vordergründig ein bizarres Licht auf die agierenden Politiker, wenn sie zum Beispiel nicht verstehen, warum das Anfüttern eines Beamten in kleinen Schritten zu je hundert Euro inhaltlich skandalös ist. Noch viel mehr aber wirkt das dadurch gesendete Signal in den Köpfen vieler verheerend. Hier wird Schamlosigkeit als Normalität verkündet. Mit Blick auf die oben beschriebene Kaufkraft von Klientinnen und Klienten der Caritas sind diese 100-Euro-Bagatelle in etwa der Betrag, der abseits der Fixkosten ausreichen muss, um rund vier Wochen über die Runden zu kommen.

Die Lebens- und Bewusstseinswelt vieler Menschen ist zusätzlich von einem grotesken Alarmismus getragen. In einem ständigen Wechsel zwischen Al-Kaida-Terror, BSE und SARS, Klimawandel und Feinstaub, Weltuntergangsszenarien und Waldsterben, Vogelgrippe und Rinderwahn, Ozonloch und Schweinegrippe ist es einfach unmöglich geworden, die echte Gefahr vom Desaster zu unterscheiden. Die Boulevard-Medien – mit Blick auf kräftige Auflagensteigerung – widersprechen solchem „Alarmismus" zumeist nicht. Aber: Was hat das mit den Grenzen des Wachstums zu tun?

Vordergründig wird gerade denen, die bereits jetzt schon laufend zu kurz kommen, ein Konsum-, CO_2- und allgemeiner Ressourcen-Verzicht nicht zu erklären sein, weil man fairerweise attestieren muss, dass bei den Betroffenen eben gerade nicht ein subjektives Gefühl permanenten Neids das Hauptproblem darstellt, sondern – wie gezeigt – stichhaltige Argumente hinter dem Aufgehen der Armuts-Reichtums-Schere stehen, wo eben auf der einen Seite Überfluss und auf der anderen Seite Existenzängste stehen. Zwei, drei, vielleicht sogar mehr Generationen lang sind wir auf Konsumsteigerung als Weg zu höherer Lebensqualität konditioniert.

Ein in der bürgerlich-ökologisch geprägten Ressourcendiskussion kaum beachteter Aspekt von Armut ist jener der Energiearmut. Menschen in armutsgeprägten Lebensverhältnissen besitzen in aller Regel die energiefressendsten und damit im Betrieb teureren Altgeräte; sie leben in schlecht isolierten Wohnungen und können sich auch keine günstigen Heizungen leisten, von Nutzung alternativer Energie – etwa zur Warmwasseraufbereitung oder gar Photovoltaik – ganz zu schweigen. Wer insbesondere im Winter vor der Frage steht, Essen oder Heizen, für den ist ein Investment in effiziente Energienutzung oder Ressourcenschonung ein schlicht undenkbarer und unleistbarer Luxus. Für Menschen, die von der Hand in den Mund leben, hat darüber hinaus die teuerste und ökologisch fragwürdigste Heizvariante – nämlich jene mit elektrischer Energie – den faszinierenden Vorteil unmittelbarer Verfügbarkeit, getragen von der trügerischen Hoffnung, dass bis zur Stromkostennachzahlung schon irgendwo eine Geldquelle zu sprudeln beginnen wird.

In dieser vielschichtigen Spannung zwischen wachsender Zahl an Millionären, Alltags-Korruption und ständiger Alarm-Stimmung auf der einen und breiter Armut auf der anderen Seite steht die Diskussion über Konsumverzicht wegen knapper werdender Ressourcen und globaler Ausbeutung der südlichen Erdkugel. Mit Blick auf armutsbetroffene Personen wird ein Nachdenken über eine Steigerung an Lebensqualität abseits des Konsumismus als Lebensphilosophie – wenn überhaupt – nur im Zuge eines allgemeinen Paradigmenwechsels gelingen. Letztlich ginge es zuerst einmal darum, glaubwürdig Nischen an Lebensqualität zu finden, die nicht an ein Mehr von Besitz und Konsum gekoppelt sind.

Zu sehen ist vor allem der Druck, der auf den Einzelnen liegt, immer die neuesten technischen Artikel haben zu müssen. Zu verweisen ist auf den sakrosankten Status der Glücksspielindustrie, die viele Existenzen – insbesondere arme Menschen – zerstört. Zu verweisen ist auch auf die Banken- und Überschuldungskrise, die viele Menschen zu Verlierern machte, die die Krise nicht ausgelöst haben. Man sollte nicht verschweigen, dass in Spanien mittlerweile mehr als 50% (!) der Jugendlichen arbeitslos sind und in Griechenland die Pensionen (auch die kleinsten) um bis zu 20% gekürzt wurden, während gleichzeitig rund 200 Milliarden Euro griechisches Schwarzgeld ohne große Schwierigkeiten in die Schweiz verbracht werden konnten,[7] oder der Spanische Staat Steuerbetrügern anbietet, gegen einmalige Zahlungen von 8% bzw. 10% das in den letzten Jahren auf die Seite geschaffte Schwarzgeld reinzuwaschen.[8]

Dieses komplexe Gebäude des Kults um das Geld, das heute nur dann aufrecht erhalten werden kann, wenn immer mehr produziert, gekauft und verbraucht wird –: dieses Gebäude kann nur dann zum Einsturz gebracht werden, wenn ein Bewusstseinswandel stattfindet, der eine Abwendung vom Haben und eine Zuwendung zum Sein nach sich zieht. Das, was nach Träumerei oder sogar abgehobener Spinnerei von Konsumverweigerern aussieht, muss aus dem Winkel des säuerlichen Moralisierens und der Weltabkehr geholt werden.

Zudem ist eine Diskussion über einen Zugewinn an Lebenssinn durch den Verzicht auf materielle Güter historisch verdächtig, auch wenn Meinungsumfragen feststellen, dass die erstrebenswerten Güter zunehmend nicht mehr im materiellen Bereich liegen. Warum ist das so? Ist in diesem Kontext nicht auf ein mögliches Ärgernis zu verweisen, nämlich dass diejenigen, die ihren Reichtum bereits gut abgesichert haben, andere vom Zugang zu eben diesem Reichtum abhalten wollen? Zeigen das – beispielsweise – nicht die Zulassungszahlen der als SUVs oder „Sports Utility Vehicles" bezeichneten Gelände- und Sportwagen, also jene Benzin fressenden „Ungetüme" im Straßenverkehr mit zwei und mehr Tonnen Gewicht und erreichbaren Höchstgeschwindigkeiten weit über jeder

Legalität? Ausgehend von einem bereits sehr hohen Wert im Jahr 2010 ist die Zahl der Neuzulassungen im Segment der leistungsstärksten Kraftfahrzeuge um 39,2% (!) gestiegen.[9] Nicht in China, sondern in Österreich. Dass somit die Normverbrauchsabgabe – also jene gesetzliche Maßnahme, mit der Kraftfahrzeuge mit überdurchschnittlichem Verbrauch zugunsten schadstoffärmerer besteuert werden – nicht einmal zur kosmetischen Werbemaßnahme taugt, liegt auf der Basis dieser Zahlen auf der Hand.

Wenn nicht einmal in Randbereichen des motorisierten Individualverkehrs die zartesten Eingriffe möglich sind, wie erschreckend steht es dann um die Handlungsfähigkeit traditioneller demokratischer Politik. Der politische Wille, hier steuernd Position zu beziehen, fehlt vollständig. In atemberaubender Abfolge erleben wir Vorgänge kurzsichtiger Schrebergartenpolitik, sowohl auf regionaler, wie staatlicher, europäischer und auf globaler Ebene. Statt dessen konstatieren wir eine Ausrichtung auf populistische Maßnahmen und die Verschiebung der Problemlösung auf die nächsten Generationen. Der Großteil der daraus resultierenden Folgen wird in so unterschiedlichen Bereichen wie der Bildungspolitik, der Entwicklungshilfe, der nationalen Armutsbekämpfung, der Ökologie virulent.

Transnationale, nicht am Gemeinwohl ausgerichtete Wirtschaftszwänge haben den Demokratien in vielen Lebensbereichen die „Führungsrolle“ abgenommen. Zusätzlich paktieren westliche Demokratien sehr oft – vor allem wenn es wirtschaftlich opportun ist – mit autoritären Staaten und mächtigen Konzernen. Waffenhandel, Atommüllentsorgung, Flüchtlingsabschiebungen lassen sich als Belege dafür anführen, dass die demokratischen Errungenschaften innereuropäisch beschworen, aber außerhalb unserer Grenzen sehr oft aufgegeben werden. Dass aufgrund dieser Gegebenheiten Menschen leiden, enteignet, ja sogar getötet werden, ist eine der skandalösesten Tatsachen westlicher Politik. Darüber hinaus: Die heutigen demokratischen Wohlstandssysteme profitieren nicht zuletzt aufgrund des Faktums, dass sie auf Ressourcen zugreifen können, die nicht, oder zumindest nicht zu derartig günstigen Konditionen zur Verfügung stünden, gäbe es in den Herkunfts- und Zielländern funktionierende Demokratien. Da gleichzeitig auch gilt, dass gerade in der globalen Armutsbekämpfung ökonomisch notwendige, zugleich aber ökologisch belastende Schritte gegangen werden müssten, entfernen wir uns immer weiter vom Ideal einer Weltgemeinschaft, in der eine gerechte Ressourcen- und Besitzverteilung lebenswerte Existenzgrundlagen für alle Menschen ermöglicht.

Erste Schritte gebündelten Widerstands

Gegenüber früheren Zeiten stehen wir heute der Tatsache gegenüber, dass sich sehr wenig Widerstand gegen diese Entwicklungen regt. Das „Wutbürgertum" kann in der derzeitigen Erscheinungsform, mehr noch mit seinem fehlenden ideologischen Fundament und der aktionistischen Ziellosigkeit keinesfalls die erhoffte Reaktion sein. Charakteristikum der „Wutbürger" ist ja gerade nicht das soziale, geschweige denn solidarisch-caritative Eintreten für die Schwachen, Armen, Rechtlosen und Hungernden – weder auf nationaler noch auch auf globaler Ebene –, sondern ein Protest gegen Vorgänge, die das eigene Leben betreffen – beispielsweise im Bereich der Vorratsdatenspeicherung bei Abläufen im Internet oder der Mobiltelefonie.

Erfreulich dagegen ist, dass sich im Jahr 2011 mehr als 116.000 Menschen namentlich deklariert haben und gegen die österreichische Schubhaftpraxis, wie sie gegen Kinder angewendet wurde, aufgetreten sind. Diese breite Unterstützung ist aus mehreren Gründen erstaunlich. So verfügt die Zielgruppe über keine gesellschaftlich gewichtige Lobby. Kaum jemand aus der Unterstützergruppe war jemals in der Situation von Kindern in Schubhaft – persönliche Betroffenheit war daher nur indirekt gegeben. Im Gegensatz dazu hat die rechtspopulistische Propaganda etwa der letzten 20 Jahre im öffentlichen Bewusstsein massive Spuren hinterlassen: Begriffe wie „Flüchtling" und „Asylwerber" sind negativ besetzt und gelten sehr oft als Synonym für Verbrecher. Das geht so weit, dass „Kinder auf der Flucht" in der Diktion der österreichischen Innenpolitik als „Ankerkinder" bezeichnet werden. Sie gelten somit als Personen, die ihre Minderjährigkeit dazu nutzen, hier leicht zu einer Anerkennung als Flüchtling zu kommen, nur um dann die Familie nachholen zu können. Übrigens betrug die Gesamtzahl von Jugendlichen, die ihre Eltern nach Österreich nachholen konnten, im Jahr 2011 nur 17 (!). Gerade diese unpopulären Begleitumstände machen das Eintreten der 116.000 gegen das als staatlich legitimiertes Unrecht empfundene Vorgehen umso erstaunlicher.

Ähnlich überraschend war während der großen Kältewelle im Februar 2012, dass sich innerhalb weniger Tage mehr als 300 Menschen bereit erklärten, ehrenamtlich in einem spontan eröffneten Notquartier der Caritas in Wien mitzuhelfen. Die Unterstützung war phasenweise so groß, dass es nicht möglich war, alle Hilfsangebote anzunehmen, da dadurch ein zielgerichteter und geordneter Ablauf der Nothilfe gefährdet worden wäre.

Hoffnungen

Wenn wir die global kolportierten Zahlen von den Grenzen des Wachstums ernst nehmen – die Zahlen über die knapper werdenden Ressourcen, den Klimawandel, das Aussterben von immer mehr Tier- und Pflanzenarten, die Ausbeutung der Menschen in Staaten wie China, Indien oder Bangladesch, die lukrativen Waffengeschäfte – besonders in den Unruheregionen Afrikas – und die gleichzeitige Armutsentwicklung in Europa bei parallel anwachsendem Reichtum in den Händen weniger – dann scheint es evident zu sein, dass ein grundlegender Wandel unseres Wirtschafts- und Lebensstils ein Gebot der Stunde ist.

Insgesamt fehlt noch in beträchtlichem Ausmaß die Begeisterung für Ideen und Modelle, die die notwendige Richtungsänderung einsichtig machen können. Viele sehen die Zeichen der Zeit in Teilsegmenten. Viele sind aber auch entmutigt angesichts der unglaublichen Komplexität der Verzahnung von ökologischen, sozialen, politischen und wirtschaftlichen Vorgängen. Da eine global gesteuerte Politik in naher Zukunft außer Reichweite zu sein scheint, müssen erste Schritte eines öko-sozialen Umbaus unserer Gesellschaft insbesondere im Kleinen und modellhaft erfolgen. Darüber hinaus gilt es zu versuchen, regional und national, ja auf europäischer Ebene das zu tun, was global getan werden müsste, aber derzeit keine Umsetzungschancen besitzt. In Fragen der Ressourcenschonung vorneweg zu gehen, ist für Europa allein schon deshalb ein Gebot der Stunde, weil wir auch mit einem deutlich reduzierten Aufwand an Rohstoffen immer noch weit über dem Verbrauch jener Länder wie Indien oder China liegen, denen wir so gerne die Verursacherrolle in Fragen der Erderwärmung zuschieben.

Was wir entdecken müssen, ist ein neuer Lebenssinn und Lebensstil. Der Sinn menschlichen Daseins muss ausgerichtet sein auf das personale Gegenüber, insbesondere auf die Menschen, die am Rand der Gesellschaft leben. Der Wert menschlicher Existenz ist im Grunde ein heiliges Gut, gerade dann, wenn sich dieser Mensch in einem Schlauchboot vor Lampedusa, in einem südsudanesischen Flüchtlingslager oder in einer schimmeligen Substandardwohnung in Wien befindet. Diesen Wert gilt es wiederzuentdecken und mit allen zu Gebote stehenden Mitteln zu verteidigen. Es gilt, den Sinn des Geldes als Chance im Einsatz gegen Armut und Not wiederzuentdecken.

Eine gerechte Gesellschaft gilt es anzuzielen, in der die bislang Zukurzgekommenen ihr Leben nicht als einen Überlebenskampf führen müssen. Menschen, die nicht mehr mit dem Rücken zur Wand stehen, können Empathie entwickeln für diejenigen, denen es schlechter geht.

Besitz und Reichtum gegen ein Mehr an Lebensqualität einzutauschen, war historisch gesehen nicht selten ein Privileg derjenigen, die den Luxus hatten, sich Verzicht leisten zu können. Menschen sind sehr oft einer „schlechten Unendlichkeit" verpflichtet. Das zeigt sich in der mit gewaltigen Anstrengungen verbundenen Anhäufung von Reichtum und Besitz, für dessen Maßlosigkeit es keine Obergrenze gibt. Die reichsten Menschen der Welt verfügen jeweils einzeln über ein Vermögen, das über dem kumulierten Bruttonationalprodukt mehrerer afrikanischer Nationen liegt.

Im Gegensatz dazu ist ein Streben nach „wahrer Unendlichkeit" ein wesentlicher Motor auf dem Weg zu einer besseren Zukunft für alle Menschen. Angesichts der umfassenden Probleme und der sich daraus ergebenden Ratlosigkeit sind die bislang gefundenen Lösungen mit ihren minimalen Erfolgen untauglich, die Welt vor sehr wahrscheinlich schweren Krisen zu bewahren. Teilerfolge im Bereich der Alternativenergien, partnerschaftliche Modelle in der Entwicklungspolitik, gesellschaftliche Unterstützung für Menschen am Rand der Gesellschaft sind Beispiele, die den Einsatz von Menschen für Menschen hoffnungsfroh machen. Trotz aller Schwierigkeiten, Katastrophen und Ungerechtigkeiten wird die Notwendigkeit eines Wandels des Lebens- und Wirtschaftsstils von vielen Menschen erkannt. Der Wunsch nach einer anderen Form des Lebens wird immer spürbarer. Es ist der Wunsch nach einem Leben, in dem die Dinge Raum gewinnen können, die das Leben erst lebenswert machen.

Anmerkungen

1 D.A.CH-Vermögensreport 2011, S. 7: http://www.valluga.li/txt/Valluga%20 D.A.CH-Verm%F6gensreport%202011.pdf
2 Ebda.
3 Vgl. Profil, 21.2.2012, „Projekt Rubrik" von Gernot Bauer, Herbert Lackner und Eva Linsinger.
4 Bundesministerium für Arbeit, Soziales und Konsumentenschutz (Hg.): Armuts- und Ausgrenzungsgefährdung in Österreich. Ergebnisse aus EU-SILC 2010. Studie der Statistik Austria im Auftrag des BMASK, 2011, S. 125.
5 Vgl. Statistik Austria, Nettojahreseinkommen der unselbständig Erwerbstätigen 1997 bis 2010. In: http://www.statistik.at/web_de/statistiken/soziales/personen-einkommen/jaehrliche_personen_einkommen/index.html
6 Vgl. Statistik Austria, Inflationsraten und Indizes des VPI von 1999 bis 2011. In: http://www.statistik.at/web_de/statistiken/preise/verbraucherpreisindex_vpi_hvpi/index.html
7 Bericht der Financial Times Deutschland, 18. Oktober 2011: http://www.ftd.de/politik/europa/:griechenland-krise-schweiz-soll-griechen-geld-ausliefern/60117780.html
8 „Die Regierung des konservativen Ministerpräsidenten Mariano Rajoy hatte am Freitag überraschend angekündigt, dass Steuerhinterzieher ihr Schwarzgeld gegen Zahlung eines Bußgeldes waschen können. Steuersünder in Spanien müssen dazu ein Strafgeld von 10 Prozent ihrer nicht deklarierten Einkommen oder Vermögen zahlen. Für das im Ausland angelegte Geld gilt ein Satz von 8 Prozent. Die Regierung in Madrid erhofft sich von der Maßnahme Einnahmen im Umfang von 2,5 Milliarden Euro." (Focus Online, 31. März 2012: http://www.focus.de/finanzen/news/wirtschaftsticker/konjunktur-kritik-an-steueramnestie-in-spanien_aid_730845.html)
9 Vgl. Statistik Austria: Kfz-Neuzulassungen Jänner bis Dezember 2011. In: http://www.statistik.at/web_de/statistiken/verkehr/strasse/kraftfahrzeuge_-_neuzulassungen/index.html

Konsum und Lebensqualität im Lichte der nachhaltigen Entwicklung

Ines Omann, Friedrich Hinterberger, Harald Hutterer

Der übermäßige Konsum an Ressourcen (Material, Energie, Fläche und Wasser) in manchen Teilen der Erde ist ein Hauptgrund für den nicht-nachhaltigen Pfad, auf dem wir uns derzeit befinden. Dieser hatte und hat bereits starke Auswirkungen auf Natur und Mensch. Ökosysteme wie auch die Lebensqualität werden stark beeinflusst.

Wenn wir Güter und Dienstleistungen konsumieren, dann konsumieren wir nicht nur direkt Material, sondern auch indirekt Ressourcen, die zur Herstellung der Güter verwendet wurden. Wie viel, was, wo konsumiert wird, wird von verschiedenen Akteuren beeinflusst. Als erste/r oder letzte/r (je nach Betrachtungsweise) im Konsumkreislauf steht der/die Konsument/in. Aufgrund seiner/ihrer Nachfrage werden über den Ressourcenverbrauch Güter produziert. In vielen Fällen entstehen dabei Abfälle und werden Emissionen freigesetzt.

Grund für den Konsum ist im Allgemeinen die Erhaltung oder Erhöhung des Wohlbefindens. Durch Konsum können Bedürfnisse der Menschen befriedigt werden. Konsum kann aber auch zum Gegenteil führen – zu Süchten wie der Esssucht oder Kaufsucht. Dadurch steigt der Verbrauch an Naturkapital und von Emissionen in die Natur. Durch letztere werden die natürlichen Systeme und Kreisläufe derart verändert, dass ihre Funktionen, die für das menschliche Leben essentiell sind, nicht mehr (vollständig) erhalten werden können.

Konsum ist allerdings nicht gleich Konsum – er kann mehr oder weniger „materiell" sein. *Nicht-materieller Konsum*[1] *dagegen fördert eine nachhaltige Entwicklung und eine hohe Lebensqualität.* Diese These steht im Mittelpunkt dieses Kapitels und wird anhand des Konzepts der Lebensqualität näher untersucht. Die Verbindung zu nachhaltiger Entwicklung wird anhand praktischer Beispiele sowie an Handlungsoptionen dargestellt. Wir versuchen damit zu begründen, dass die Umsetzung einer nachhaltigen Entwicklung durch geringeren Ressourcenverbrauch in den reichen Ländern gekennzeichnet ist. Das ist

DIE Chance, auf den globalen Wandel zu reagieren und das bei Erhalt der Lebensqualität für heutige und zukünftige Generationen.

1. Die derzeitige Situation: globaler Wandel und nicht nachhaltige Entwicklung

Die Systeme der Erde befinden sich derzeit auf einem nicht-nachhaltigen Pfad[2] (siehe z.B. Jäger 2008; Rockström et. al. 2009). Dies kann durch zahlreiche sich häufende Veränderungen in natürlichen Systemen und Kreisläufen belegt werden. Oft werden diese unter dem Stichwort *globaler Wandel* diskutiert. Globaler Wandel bezeichnet die Vielzahl an Veränderungen, die vor allem seit den 1950er Jahren verstärkt und beschleunigt auftreten: Artenverlust, Klimawandel, Ozonloch, Wüstenbildung, Erosion, veränderte Meeresströmungen, eingeschränkte Assimilations- und Regenerationsfähigkeit natürlicher Systeme, Erschöpfung nicht-erneuerbarer Ressourcen aber auch Armut, Hunger, zunehmende Verteilungsungerechtigkeit und Migration. All dies sind wohlbekannte Folgen, die oft durch sich verstärkende Rückkoppelungsschleifen miteinander verbunden sind.

Ein Beispiel ist die vermehrte Verwendung von Klimaanlagen aufgrund der Erwärmung der Atmosphäre, was wiederum eine Ursache der vermehrten Emission von Treibhausgasen ist. Durch die Anwendung der Klimaanlagen wird noch mehr – zumeist fossile – Energie verwendet, und damit steigt wiederum die Konzentration der Treibhausgase in der Atmosphäre. Diese positiven Rückkoppelungsschleifen weisen auf ein unreguliertes System hin, das bei Nichtregelung ab einem gewissen Zeitpunkt kollabiert.

Die Erde ist ein dynamisches, ständig evolvierendes System, und Veränderungen dieser Art gab es schon immer. Der große Unterschied zu natürlichen Veränderungen ist die Geschwindigkeit der anthropogen hervorgerufenen Erderwärmung. Sie erfuhr eine dramatische Beschleunigung vor allem in der zweiten Hälfte des 20. Jahrhunderts, die einzigartig in der Geschichte der Menschheit ist (IPCC 2007, Jäger 2008). Es gibt also sehr große Veränderungen in sehr kurzer Zeit, für die es keine analoge Entwicklung in der Dynamik des Systems Erde gibt.

Im Global Environmental Outlook von UNEP (2006) ist dazu vermerkt: "The linkages between environmental well-being, vulnerability and poverty emerged as a critical issue in

2005. Extreme weather events and new research and data were so dramatic that the year may prove a turning point in the urgency of our awareness and response." Die Münchner Rückversicherung – eine der weltweit führenden Rückversicherungsgesellschaften – schätzte, dass das Jahr 2005 Zeuge der bisher größten finanziellen Verluste aufgrund von wetterbezogenen Naturkatastrophen war – mit mehr als 200 Billionen US Dollar Kosten.

Die Hauptursachen oder „driving forces" für diesen globalen Wandel sind das ungebremste Bevölkerungswachstum einerseits und der stark steigende Ressourcenverbrauch (Material, Energie, Land, Wasser) andererseits. Im Jahr 1980 wurden den globalen Ökosystemen knapp 40 Milliarden Tonnen entnommen, im Jahr 2002 stieg der weltweite Verbrauch bereits auf fast 53 Milliarden Tonnen an, eine Erhöhung um ein Drittel in 22 Jahren (Behrens et al. 2007).

Ressourcen werden eingesetzt, um die Bedürfnisse der Menschen zu erfüllen. Diese Bedürfnisse umfassen Grundbedürfnisse wie Essen, Trinken, Wohnen, Kleidung und Bedürfnisse der menschlichen Entwicklung wie Beziehungen, Lernen, Freiheit.

Die zweite Hälfte des 20. Jahrhunderts hat dem reichen Fünftel der Welt ein geradezu unglaubliches „Wirtschaftswunder" beschert, mit einem nie da gewesenen Wachstum des materiellen Wohlstands. Dieser Wohlstand drückt sich in Form eines höheren Einkommens und damit auch eines höheren Konsums aus. Materieller Wohlstand wird durchwegs als Bestandteil von hoher Lebensqualität gesehen. Daher liegt der Schluss nahe, dass durch den steigenden Konsum auch die Lebensqualität steigt bzw. gestiegen ist.

Materielle Güter sind essentiell, um unsere Grundbedürfnisse zu befriedigen. Das wiederum ist zentral für unser physiologisches Wohlbefinden: Gesundheit, Lebenserwartung, Vitalität. Materielle Prozesse und Bedürfnisse sind also eng miteinander verknüpft (SDC 2009). Dazu kommt die soziale Logik, die die Konsumnachfrage antreibt. Güter haben oft symbolische Bedeutung, zeigen von einem gewissen sozialen Status, schaffen ein Zusammengehörigkeitsgefühl in der Gruppe, sowie Identität (SDC 2009).

Allerdings kann der Konsum auch zu weniger Lebensqualität führen. Beispiele dafür gibt es genügend. Moderne Lifestyles führen zu einem Konsum, der in weiten Bereichen über das hinaus geht, was für Überleben, Gesundheit und Glück gebraucht wird. Der Konsum an Gütern und Dienstleistungen kann die Lebensqualität direkt senken dadurch,

- dass kaum mehr Zeit für Familie, Freunde/Freundinnen, Muße oder Hobbies bleibt,
- dass Süchte (Kaufsucht, Drogensucht, Esssucht) und daraus resultierende Krankheiten verstärkt werden, oder

- dass man in die Tretmühle des immer mehr „Haben-Wollens" und sich eines „Mit anderen-Vergleichens" gerät.

Mathias Binswanger spricht in seinem Buch „Tretmühlen des Glücks" (2006) von vier Tretmühlen: der Status-Tretmühle (sich immer von anderen durch Besitz von Gütern abheben zu müssen); der Anspruchs-Tretmühle (Ansprüche werden immer höher, es braucht ständig Neues); der Multioptions-Tretmühle (scheinbares Glück durch mehr Auswahl, was in Stress ausartet) und der Zeitspar-Tretmühle (neue Technologien helfen, Zeit zu sparen, werden aber vermehrt eingesetzt – z.B. E-Mails statt Briefe) (s. dazu auch Hinterberger et al. 2009). Damit entsteht ein dauerhafter Zustand der Unzufriedenheit, in dem sich kein nachhaltiges Glück und/oder keine hohe Lebensqualität entfalten können.

Im Kurzbericht zur dritten österreichischen Kaufsuchtstudie 2006 (Kammer für Arbeiter und Angestellte für Wien, 2006) wird festgestellt: „6,1 % der Befragten sind stark Kaufsucht gefährdet und 25,6 % gelten als deutlich Kaufsucht gefährdet; insgesamt beträgt die Kaufsuchtgefährdung somit 2006 rund 32 %."

Hoher Konsum senkt aber auch indirekt die Lebensqualität, da Konsum durch den Verbrauch an Material, Energie und Fläche und durch Emissionen und Abfall die Ökosysteme gefährdet und damit unsere Lebensgrundlage beeinträchtigt. Im Bericht „Prosperity Without Growth" der UK Sustainable Development Commission (Jackson 2009) wird betont, dass sich das Wachstum im Rahmen der Weltwirtschaft in den letzten 25 Jahren verdoppelt hat, während ca. 60% der globalen Ökosysteme zerstört oder empfindlich gestört wurden.

Unser Wohlbefinden hängt von den Dienstleistungen dieser Systeme ab (MEA 2005). Dazu gehören die Bereitstellung von Nahrung, Energie, Medikamenten, Erholungsräumen, die Minderung von natürlichen Schäden oder die Regulierung von natürlichen Kreisläufen. Durch den globalen Wandel können Ökosysteme diese Funktionen nicht mehr oder nur eingeschränkt erfüllen, was dazu führt, dass wir uns anzupassen haben. Diese Anpassungen verursachen Kosten – bis hin zu psychischen Beeinflussungen; sie können Menschen aber auch dazu zwingen, auszuwandern oder umzusiedeln.

Meadows et al 1973, 1993 und 2006 haben gezeigt, dass in Zukunft immer mehr ökonomisches Kapital gebraucht werden wird, um Naturkapital für den Menschen und die Wirtschaft verfügbar zu machen. Der Raubbau am Naturkapital macht also seine weitere Nutzung immer teurer.

Diese negativen Zusammenhänge zwischen Konsum und Lebensqualität und zwischen Konsum und Ressourcenverbrauch zeigen sich aktuell in vielen Entwicklungen. Zwei Beispiele mögen der Verdeutlichung dienen. Sie gründen beide auf der provokanten These: Burnout und Klimawandel haben dieselbe Ursache: *wir arbeiten zu viel und zu intensiv!*

Burnout

Neben Einkommen und Konsum (von Gütern und Dienstleistungen) dienen auch die Arbeit (bezahlte und unbezahlte Tätigkeiten) sowie andere Aktivitäten (z.B. Freizeit) der Befriedigung menschlicher Bedürfnisse. Erwerbsarbeitslos zu sein, ist für die meisten Betroffenen eine sehr negative Erfahrung. Zum Verlust des Erwerbseinkommens kommt meist das Gefühl, in der Gesellschaft nicht mehr gebraucht zu werden – bis hin zum Verlust konkreter sozialer Kontakte und Beziehungen. Erwerbsarbeit erfüllt nicht nur eine wirtschaftliche, sondern auch eine soziale Funktion – u. a. die Teilhabe am gesellschaftlichen Leben.

Andererseits wird die (Erwerbs-)Arbeit für die, die Arbeit haben, immer intensiver und von vielen als negativ erlebt. Etlichen Studien zufolge hat die Mehrheit der Arbeitskräfte bereits „innerlich gekündigt". Sie wahren den Schein ihrer „Mitarbeit", reduzieren ihre Produktivität und laufen damit Gefahr, selbst zum Opfer der nächsten Kündigungswelle und Opfer des Burnout-Syndroms zu werden. Die Daten des Hauptverbandes der österreichischen Sozialversicherungsträger zeigen einen Anstieg der Krankenstandstage aufgrund psychiatrischer Krankheiten von 1991 bis 2006 um 92,5 %. In absoluten Zahlen waren es 1991 851.111 Betroffene, im Jahr 2006 bereits 1,637.000. Allein von 2005 bis 2006 stieg die Zahl um 7,4 % (113.522 Betroffene).

Viele Menschen klagen über Arbeitsüberlastung, Stress, Überstunden. Andererseits: Wenn sie weniger arbeiten für weniger Geld, so ist das auch für die meisten nicht attraktiv – vor allem finanziell. Laut Mikrozensus 2003 würden sich – wenn dies möglich wäre – zwei Drittel der ÖsterreicherInnen für mehr Freizeit entscheiden. Wer regelmäßig oder auch nur zufällig Ö3 hört oder einen anderen „populären" Sender, dem wird spätestens Donnerstag Früh schon geholfen. Mit Durchhalteparolen. „Nur mehr 1 ½ Tage bis zum Wochenende." „Das Leben beginnt nach der Arbeit", „Arbeit ist Leid", „Nur Freizeit ist Freude".

Solange Arbeit Frust und Leid bedeutet, sind Erschöpfungszustände bis hin zum Burnout nahe liegend. Das gilt auch für diejenigen Menschen, die Arbeit haben, diese aber nicht nur lustlos durchführen, sondern sie auch in Kombination mit (vielen) Überstunden verrichten.

Klimawandel

Erwerbsarbeit schafft Einkommen. Mehr Erwerbsarbeit schafft mehr Einkommen. Von diesem Einkommen wird mehr als die Hälfte für Güter und Dienstleistungen wieder ausgegeben. Die Konsumquote beträgt derzeit in Österreich 54%.[3] Jeder ausgegebene Euro verbraucht im Schnitt 1,5 kg an Ressourcen in Europa, 2,5 kg weltweit.[4] Der Ressourcenverbrauch beinhaltet auch den Verbrauch von Energie in Form von nicht-erneuerbaren Quellen (Erdöl, Gas, Kohle oder Uran als Basis für die Kernenergie). Wie wir wissen, führt dieser Verbrauch zum Ausstoß von CO_2-Emissionen – dem wichtigsten Treibhausgas. Intensive Formen der Landwirtschaft, Reisanbau, riesige Kuhherden oder Mülldeponien verursachen Treibhausgase wie Methan und Lachgas, die zwar mengenmäßig geringer sind als CO_2, aber wesentlich stärker zum Treibhauseffekt (also der Erhöhung der Temperatur in der Atmosphäre und Veränderungen im Wettergeschehen) beitragen.

Hoher Konsum kann also unsere Lebensqualität auf verschiedene Weise beeinflussen – positiv und negativ. Dieser Konsum ist in den reichen Ländern unverhältnismäßig höher als in den Entwicklungsländern. Die Menschen in den reichen Ländern – das sind ca. 20 % – verbrauchen 80% der Ressourcen. Zu diesem (Über)konsum kommt noch die Verteilungsungerechtigkeit hinzu. Auf dieses Thema können wir hier nicht näher eingehen. Mehr Informationen dazu finden sich in den Beiträgen von Michaela Moser und Judith Pühringer in dem Buch: „Welches Wachstum ist nachhaltig? Ein Argumentarium" (Hinterberger et al. 2009).

2. Konzept der Lebensqualität

Eine kurze Geschichte der Lebensqualitätsforschung

Der Begriff Lebensqualität wurde in der politischen Debatte der 1960er Jahre als Reaktion auf zunehmenden materiellen Wohlstand und wirtschaftliches Wachstum sowie deren problematische Auswirkungen breiter diskutiert. So sagte zum Beispiel US-Präsident Lyndon B. Johnson 1964: *„The task of the Great Society is to ensure our people the environment, the capacities, and the social structures [...] to pursue their individual happiness. Thus the Great Society is concerned not with how much, but with how good – not with the quantity of goods but with the quality of their lives."*

Durch das öffentliche Interesse rückte die Frage nach der Lebensqualität vermehrt in den Fokus der Wissenschaft. Was die empirische Beobachtung und Analyse dieser Frage betrifft, so haben sich zwei bedeutende „Schulen" herausgebildet, die dieser Frage näher nachgehen: der skandinavische „level-of-living approach" (an objektiven Kriterien und am Lebensstandard orientiert) und die amerikanische „quality-of-life" Forschung (am subjektiven Empfinden des/der Einzelnen und an der Lebenszufriedenheit orientiert). Daran anknüpfend wurden weitere Lebensqualitätskonzepte entwickelt, die versuchen, Aspekte beider Schulen miteinander zu verbinden und eine Synthese aus objektiven Kriterien und subjektiver Wahrnehmung zu bilden (Allardt 1993; Sen 1987; Nussbaum 2000; Zapf 1984).

Was verstehen wir unter Lebensqualität?

„Quality of life can be defined as subjective well-being and personal growth in a healthy and prosperous environment" (Lane 1996). Dies ist eine von vielen Definitionen, die sich in der Literatur finden. Im Allgemeinen enthalten derartige Definitionen zwei Komponenten: einen objektiven Teil (bei Lane eine gesunde und sich entfaltende Umwelt) und einen subjektiven Teil (bei Lane das Wohlbefinden).

Abbildung 1 zeigt diese beiden Komponenten der Lebensqualität. Sie werden durch sie beschreibende Konzepte. Diese werden im Folgenden näher erläutert.

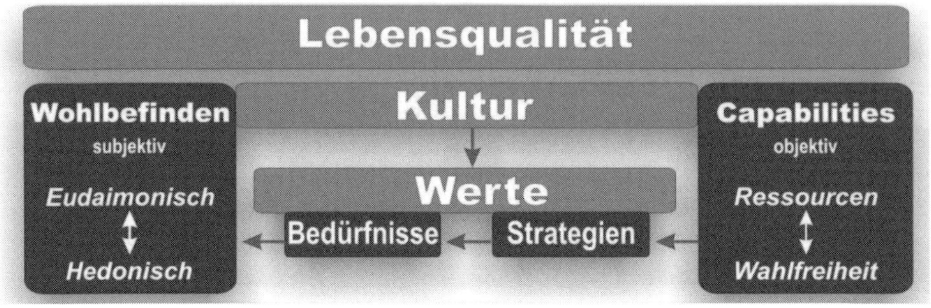

Abb. 1: Lebensqualität und ihre Komponenten

Wie schon erklärt, ist eine hohe Lebensqualität die Basis von fortwährendem menschlichem Erblühen (human flourishing), das wir als das Ziel jeder Form von nachhaltiger Entwicklung und Politik sehen.

Bedürfnisse benötigen keine zusätzliche Begründung für ihre Existenz. Verschiedene Listen führen sie auf. Alkire (2002) vergleicht und diskutiert Listen von (Grund) Bedürfnissen – aus der Perspektive der Moralphilosophie, der Psychologie, Ökonomie und von Entwicklungsstudien her. Diese Perspektive kennt nur kleine Unterschiede zu anderen derartigen Listen. Wir verwenden in unserer Forschung eine Liste von zehn Bedürfnissen, eine Liste, die von Manfredo Max Neef (1991)[5] entwickelt und (in vielen Projekten und Workshops in Lateinamerika) empirisch angewandt wurde. Sie wird vor allem im Zusammenhang mit gesellschaftlicher Entwicklung und nachhaltiger Entwicklung verwendet. Diese Bedürfnisse sind: Subsistenz, Schutz, Zuwendung, Verstehen, Teilhabe, Vergnügen, Schöpfung, Identität, Freiheit.

Die Erfüllung dieser Bedürfnisse trägt über positive Emotionen wesentlich zum Wohlbefinden eines Menschen bei – sowohl zum *hedonischen* als auch zum *eudaimonischen* Wohlbefinden. Der hedonische Teil spiegelt den erlebten Genuss wider; der eudaimonische Teil spiegelt das Streben wider, sein eigenes persönliches und gesellschaftliches Potential zu verwirklichen (Westerhof und Keyes 2008). Wichtige Faktoren von Wohlbefinden sind für die meisten Menschen familiäre Beziehungen, Gesundheit, Arbeit (als eine erfüllende Aufgabe), Selbständigkeit/Unabhängigkeit, finanzielle Situation/Einkommen, soziales Umfeld, Entscheidungsfreiheit, Sicherheit, Zeitwohlstand und Umweltqualität. Wenn diese in hoher Qualität vorliegen, erhöht sich das Wohlbefinden.

Wie kann diese Qualität von Bedürfnissen erreicht werden? Im Wesentlichen über *Strategien.* Strategien sind Mittel, um Bedürfnisse zu erfüllen. Typischerweise beziehen sich Strategien positiv und/oder negativ auf mehr als ein Bedürfnis. Um beispielsweise mein Bedürfnis nach Identität zu erfüllen, kann ich die Strategie „Kauf eines Sportwagens" wählen. Diese Strategie wirkt positiv auf das Bedürfnis „Identität", kann aber negativ auf ein anderes Bedürfnis wirken – zum Beispiel auf das Bedürfnis „Schutz der Umwelt".

Jedes Bedürfnis kann allerdings auch mit mehr als einer Strategie befriedigt werden. Identitätsstiftend kann es sein, ehrenamtliche Tätigkeiten in Vereinen zu übernehmen oder mit Freunden/Freundinnen die Freizeit zu verbringen –, wenn man mit ihnen nicht gerade übers Wochenende zu einer Shoppingtour nach New York fliegt. Diese Art von Strategien ist um vieles Ressourcen schonender als zum Beispiel der Kauf eines Sportwagens.

Das Ziel ist klar: *Es sind die Strategien, die den Ausschlag geben, ob mehr oder weniger Ressourcen verbraucht werden.* Die Wahl der Strategien bestimmt den Lebensstil eines Menschen. Er beschreibt die Art und Weise, wie ein Mensch sein Leben gestaltet, welche Werte und Präferenzen er setzt und welchen Konsumstil er bevorzugt. Der „Lebensstil" umfasst psychologische, soziologische, ökonomische und geographische Elemente (NENA, 2008, http://www.ifz.tugraz.at/nena/).

Das Set an möglichen Strategien, die das Individuum wählen kann, um seine Bedürfnisse zu erfüllen, wird bestimmt vom Umfang der Möglichkeiten, die ihm zur Verfügung stehen – oder dem „capability space". Dieses Set beinhaltet einerseits die Ressourcen- und Rahmenbedingungen für seine Wahl, andererseits die Wahlfreiheit – also die Freiheit zu wählen, welche Strategien das Individuum umsetzt, und zwar mit welchen Ressourcen.

Für welche Strategie man sich entscheidet, hängt stark von der Kultur ab, in der man lebt und aufgewachsen ist. Die Kultur und ihre Werte bestimmen natürlich – wenn auch oft unbewusst – die Bedürfnisse, die man mit den Strategien zu erfüllen trachtet.

Der Ansatz der capabilites (zu Deutsch: Fähigkeiten oder Verwirklichungschancen) wurde und wird von Amartya Sen und Martha Nussbaum entwickelt (Sen 1987, 1993, 2005; Nussbaum 2000; Arndt et al. 2006). Die „capabilities" bilden die objektive Komponente von Lebensqualität. Dazu gehören *Ressourcen* wie Einkommen, intakte Umwelt, Gesundheitssystem, Zugang zu Bildung, persönliche Ressourcen und Talente und die Freiheit, aus diesen Ressourcen den eigenen Lebensstil wählen zu können. Die verfügbaren Ressourcen beeinflussen die Wahlmöglichkeiten, wie die Wahlfreiheit bestimmt, was als Ressource angesehen wird.

Wenn man Menschen nach ihren Bedürfnissen fragt, werden in der Mehrzahl der Fälle Strategien genannt. Durch immer weitergehendes Fragen, was sich jeweils hinter einer Strategie verbirgt, stößt man schließlich auf die „wahren“ Bedürfnisse. Die „Gewaltfreie Kommunikation“ zum Beispiel – entwickelt von Marshall Rosenberg – ist eine Methode, die es ermöglicht, den Menschen zu helfen, ihre wahren Bedürfnisse zu erkennen und auch zu formulieren. Sie wird auch im „Coaching“ und in der Therapie angewandt.

Zusammenfassend kann gesagt werden, dass durch die Wahl einer bestimmten Strategie eine gute Möglichkeit besteht, dass sich die Bedürfnisse eines Menschen erfüllen werden. Dadurch kann das Wohlbefinden erhöht werden, das wiederum wesentlich zu einer hohen Lebensqualität beiträgt. Zu dieser Lebensqualität zählen auch die objektiven Lebensbedingungen – vor allem die Ressourcen, die einem Menschen zur Verfügung stehen. Die Beeinflussung der Lebensqualität ist insbesondere Aufgabe der Politik. Grundlegend ist, welche Nachhaltigkeitsdefinition sie ihren Entscheidungen zugrunde legt. Dabei ist die Wahl der Strategien für eine effiziente Politik der Nachhaltigkeit von entscheidender Bedeutung.

3. Synthese Lebensqualität und nachhaltige Entwicklung

Die gegenwärtige Krise des Finanz- und Wirtschaftssystems führt zur Frage, ob das Wirtschaftswachstum der vergangenen Jahrzehnte die Lebensqualität und das Wohlbefinden der Menschen gesteigert hat. In Abschnitt 2 haben wir anhand der Nebenwirkungen des Konsums Beispiele angeführt, die zeigen, dass steigender materieller Wohlstand sogar zu einer Minderung der Lebensqualität und vor allem deren subjektiver Wahrnehmung führen kann. Dieser Befund wird durch die Ergebnisse der Glücksforschung der letzten Jahrzehnte belegt. Sie zeigen, dass ab einem bestimmten Niveau des Bruttonationalprodukts Glück und Lebenszufriedenheit der Menschen nicht weiter steigen (Layard 2005; SDC 2009; Clark et al. 2008). Dieses Phänomen wird das „Easterlin Paradox“ genannt (Easterlin 1974, 2010). Die Ursache für dieses Paradox liegt aller Wahrscheinlichkeit nach darin begründet, dass einerseits die Individualisierung der letzten Jahrhunderte in hohem Maße zu Egoismus (‚Geiz ist geil‘) und Vereinsamung geführt hat und dass andererseits das vorherrschend materialistische Weltbild Glück und Zufriedenheit durch materiellen Konsum verspricht.

Das Faktum, dass der materielle Konsum dieses Versprechen offensichtlich nicht erfüllen kann, führt, wie bereits erwähnt, zu einer Vielzahl an Süchten und zu einem dauerhaften Zustand der Unzufriedenheit. Wir stehen vor der Tatsache, dass der materielle Konsum laufend weiter steigt, während Glück und Zufriedenheit der Menschen, also ihre subjektive Wahrnehmung der Lebensqualität, stagnieren oder gar zurückgehen.

Wenn wir den Kern dieser Entwicklung zu erfassen versuchen, so werden wir auf den Umstand verwiesen, dass ein Großteil der Menschen fortwährend Strategien und Bedürfnisse verwechselt. Das konsequente Hinterfragen der Strategien führt letztlich zu der Erkenntnis, dass für die Erfüllung der wesentlichen Bedürfnisse in allen Fällen eine breite Palette an Strategien zur Verfügung zu stehen hat. Nur die Klarheit über den eigenen Werte-Kanon gibt einem Menschen das Rüstzeug, aus diesen Strategien jene auszuwählen, die ökologisch und sozial optimal sind.

Die folgenden Abbildungen zeigen den Zusammenhang zwischen zunehmender ökologischer und sozialer Qualität von Strategien – unter der Voraussetzung, dass man Klarheit über die zu befriedigenden eigentlichen Bedürfnisse gewinnt. Die angeführten Beispiele stammen von dem deutschen Ökonomen Niko Paech (Paech, 2005, 2007) und beziehen sich auf das Bedürfnisse nach einer Erholung im Garten und dem Bedarf nach Mobilität unter einem spezifischen Aspekt.

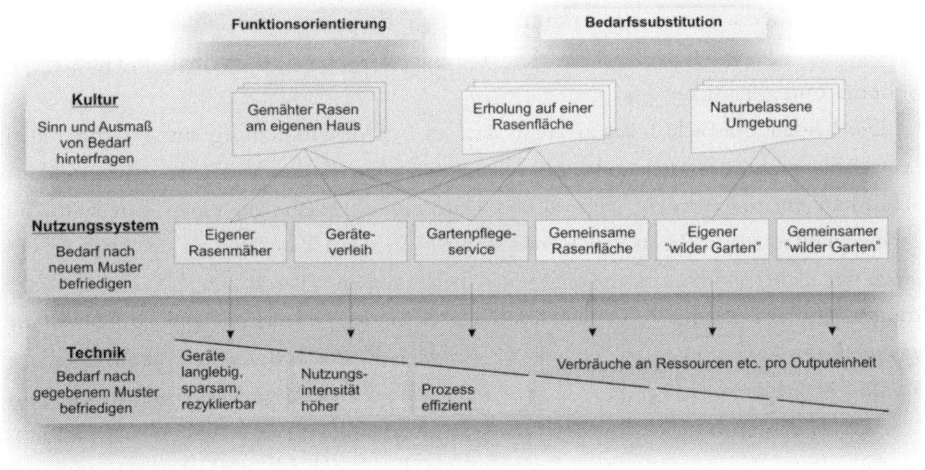

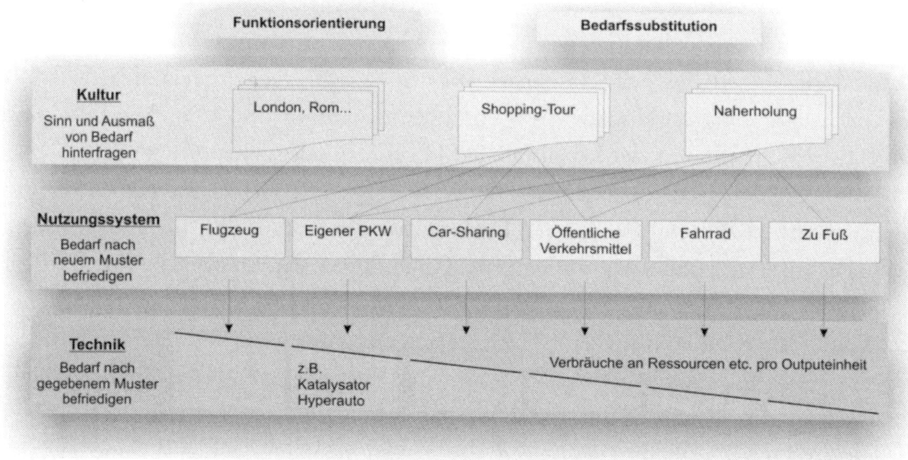

Beide Beispiele zeigen auf anschauliche Weise, wie innig die soziale/menschliche und die ökologische Dimension der nachhaltigen Entwicklung zusammenhängen. Eine konsequente Optimierung der Strategien auf Basis eines klaren Wertegebäudes führt in einer harmonischen Weise zu schonendem Umgang mit Naturkapital und steigendem Sozialkapital. Es zeigt sich, dass sich der eigene ökologische Fußabdruck am weitestgehenden dadurch minimieren lässt, dass man mit anderen teilt. Es ist wissenschaftlich erwiesen, dass Menschen mit hohem Sozialkapital seelisch und körperlich gesünder und glücklicher sind.

Die beiden Beispiele belegen auch, dass es bei Verwirklichung eines nachhaltigen Lebensstils nicht um den so negativ besetzten Begriff des Verzichts geht, sondern bei einem entsprechenden Wechsel des Blickwinkels sogar um einen Zugewinn an Lebensqualität. Niko Paech drückt das so aus: „Wer am Überfluss zu ersticken droht, verzichtet nicht, sondern befreit sich von Überflüssigem" (Paech 2007). Gabriele Sorgo kommt in ihrer Forschung zu einem ähnlichen Schluss: *„Die eindimensionale Ausrichtung unseres Lebens und Konzentration unserer gesamten Kräfte und Aufmerksamkeit auf den Konsum ist eigentlich Askese, da es uns von so vielen weiteren Möglichkeiten in der Fülle des Lebens abhält"* (Salzburger Lebensqualitätsgespräche 2008).

Auf diese Weise eröffnen sich wirkungsvolle Möglichkeiten, den Burnout im Inneren und gleichzeitig den Burnout des Planeten zu vermindern. In Gemeinschaft mit anderen können diese Möglichkeiten bestmöglich umgesetzt und laufend optimiert und intensiviert werden.

Veränderung in Richtung nachhaltige Entwicklung beginnt also im Inneren des Einzelnen, indem Klarheit über Werte gewonnen wird und Bedürfnisse und Strategien laufend hinterfragt werden. Entscheidend ist dabei natürlich, dass eine Veränderung des Lebensstils die Folge ist und sich damit das Verhalten in die gegebene Richtung ändert. Damit wird es möglich, die eigene Lebensqualität und deren subjektive Wahrnehmung zu steigern und gleichzeitig den ökologischen Fußabdruck zu reduzieren.

Mahatma Gandhi empfahl uns den aus seiner Sicht wirkungsvollsten Weg zu großen Veränderungen, indem er sagte: „Sei du die Veränderung, die du in der Welt sehen möchtest“. Aus unserer Sicht bekräftigen die oben dargestellten Zusammenhänge die Richtigkeit dieser Empfehlung.

Beispiele für nachhaltige Strategien, die zu höherer Lebensqualität führen

Im Folgenden werden konkrete Beispiele aufgezeigt, wie eine Synthese aus hoher Lebensqualität und nachhaltiger Entwicklung gelebt werden kann und auch schon gelebt wird. Es geht letztlich um *nachhaltigen Konsum,* also um anderen und weniger materiellen Konsum.

Sustainable Consumption means … “the use of services and related products which respond to basic needs and bring a better quality of life while minimising the use of natural resources and toxic materials as well as the emissions of waste and pollutants over the life-cycle so as not to jeopardise the needs of future generations” (UNEP 2001). Bestandteil dieses Lebensstil-Wandels ist also bewussteres und verantwortungsvolleres Konsumieren. Lokale und regionale Produkte, die ökologisch, nachhaltig und in enger Kundenbeziehung „liebevoll“ hergestellt werden, gewinnen dabei stark an Bedeutung. Durch den insgesamt reduzierten materiellen Konsum dürfen diese auch mehr kosten. Im folgenden Beispiele dafür: Slow Food: vor allem anderer Konsum, simple living: weniger und anderer Konsum; Mischarbeit: weniger Konsum.

Slow Food Bewegung

Eine Antwort auf stressbedingte Krankheiten, Übergewicht und ungesunde Ernährung ist die von Carlo Petrini 1986 in Piemont in Italien gegründete Slow Food Bewegung (siehe z.B. http://www.slowfoodaustria.at/). Diese Bewegung nennt sich auch „Internationale Bewegung zur Wahrung des Rechts auf Genuss". Slow Food ist mittlerweile in über 100 Ländern mit mehr als 80.000 Mitgliedern vertreten. Sie ist eine bewusste Gegenbewegung zum uniformen, globalisierten, genussarmen Fastfood und plädiert für eine Philosophie des Genusses, die für Qualität vor Quantität steht. Essen und Kochen inklusive der Vorbereitungen – wie Planen und Einkaufen – werden als eine genussvolle gemeinsame Aktivität mit ähnlich gesinnten Menschen gesehen. Es geht nicht nur ums Essen, sondern um den gesamten Prozess von Anfang der Beschaffung bis zum Verzehr. Schlagworte für diese Bewegung sind: bewusst – regional; saisonal – bodenständig – naturnah.

Durch diese andere, ganzheitliche Form der Ernährung kommt es fast wie von selbst zu weniger Ressourceneinsatz (regionale statt Produkte von fernen Ländern; weniger, aber gut essen; biologische Lebensmittel) und zu mehr Lebensqualität (durch die Gemeinschaft entsteht Verbindung, Sozialkapital wird erhöht und gutes Essen für alle Sinne erhöht das Wohlbefinden).

Das freiwillige einfache Leben – Lifestyle of voluntary simplicity (LOVOS)

Der Begriff Voluntary Simplicity wurde 1977 durch Elgin und Mitchell (1977) geprägt. Die Essenz dieses Lebensstils ist – nach außen hin – einfach zu leben, aber nach innen hin sehr intensiv: also ein Lebensstil, der sich dem Konsumzwang verwehrt und großen Wert darauf legt, wieder in eine humanere Lebens- und Arbeitsumgebung zurückzukehren.

Ziel dieses Lebensstils ist es, unnötigen Luxus und Konsum zu reduzieren und dabei gleichzeitig ein glücklicheres und erfüllteres Leben zu ermöglichen. Er setzt auf einen ganzheitlichen Ansatz der Lebensgestaltung. Es wird weniger konsumiert; was konsumiert wird, ist aber qualitativ hochwertiger und teurer. Dies bedeutet auch eine grundlegende Umstrukturierung der Wirtschaft: weg von der Massenproduktion, hin zu einer nachhaltigen Einzelfertigung langlebiger Produkte (Elgin and Mitchell 1977). Es geht also nicht darum, auf die Erfüllung von Bedürfnissen zu verzichten, sondern auf gewisse Strategien. Je mehr Klarheit man über die eigenen echten Bedürfnisse hat, desto breiter ist die Palette an Strategien, die man erkennt.

Man kann zwei Gruppen von Menschen unterscheiden, die Voluntary Simplicity praktizieren:

Die erste und kleinere Gruppe besteht aus einer heterogenen Mischung aus Familien und Einzelpersonen, die aus unterschiedlichen, meist privaten Gründen, nach Jahren eines „normalen“ Lebens den Lebensstil der LOVOS wählen. Diese Gruppe ist zwar nicht so bedeutend (da kleiner), hat aber eine nicht zu unterschätzende Vorbildfunktion für die zweite Gruppe.

Die zweite Gruppe ist generell jünger, nach außen aktiver und wählt diesen Lebensstil eher aus philosophischen Grundüberlegungen heraus. Die typischen Mitglieder dieser Gruppe in den USA sind zwischen 20 und 30 Jahren, meist Single oder Jungfamilien, aus der Mittel- und Oberschicht, gebildet und leben in Großstädten (Elgin und Mitchel 1977).

Neben den LOVOS gibt es die bislang besser bekannten LOHAS. Diese Abkürzung steht für *Lifestyles of Health and Sustainability.* Dieser Lebensstil wird oft als Trendlebensstil wahrgenommen. Menschen, die ihm folgen, leben einen wertbasierten Lebensstil. Neben Preis und Qualität ist vor allem auch Ethik wichtig. Sie glauben an eine bessere Welt, die nicht von Verzicht gekennzeichnet ist, sondern von besseren Ideen, intelligenten Technologien und aktivem Gemeinsinn (siehe auch Touchpoint 2008). Ihr Anteil wird in den USA auf ca. 30%, in der EU auf 18% geschätzt. Da sie zumeist aus der höheren Mittelschicht und Oberschicht stammen, ist ihre Kaufkraft groß und daher eine ideale Zielgruppe für Werbung und Marketing.

Derzeit findet im Internet eine Diskussion zwischen LOHAS-Befürwortern und solchen statt, die diesen Lebensstil als Nachhaltigkeitslüge sehen. Zweitere kritisieren die große Rolle, die der Konsum und Luxus bei den LOHAS spielen und sehen dahinter das Motto „Shopping hilft die Welt verbessern“.

Laut einer vom Meinungsforscher Ernst Gehmacher präsentierten Delphi-Umfrage unter Nachhaltigkeitsexpert/inn/en ist die Zahl derer, die sich konkret nachhaltig verhalten, heute noch relativ gering (www.umweltnet.at/article/archive/8025/). Laut anderen Untersuchungen sind die Voraussetzungen allerdings schon viel besser (siehe http://www.culturalcreatives.org/). 20-25% der amerikanischen wie auch der europäischen Bevölkerung haben demnach Einstellungen, Werte und Lebensstile, die Umwelt, Beziehungen, Frieden und Gerechtigkeit höher halten als derzeit noch die Mehrheiten in den einzelnen Ländern. Ihr Problem bzw. die Herausforderung: Sie wissen als einzelne bzw. kleine Gruppen zu wenig von einander und damit über ihre eigentliche gesellschaftliche Bedeutung.

20-25 % der Bevölkerung sind nicht nur politisch, sondern auch wirtschaftlich ein nicht mehr vernachlässigbarer Faktor. Solange dieser in den Massenmedien und damit im öffentlichen Bewusstsein nicht ausreichend Gehör findet, ist das neue Massenmedium Internet möglicherweise geeignet, sich über die eigenen (= gemeinsamen) Anliegen zu verständigen und so an Einfluss zu gewinnen.

Nun geht es darum, diesen Einfluss in konkretes Handeln umzusetzen. Im eigenen Leben, am Arbeitsplatz und in der Politik, auf die jede/r zumindest durch gelegentliche Wahlen einen nicht unerheblichen Einfluss hat.

In diesem Zusammenhang werden Bücher wie „Simplify your Life“ der Lebensberater Tiki Küstenmacher und Lothar Seiwert zu Bestsellern, die – jenseits jeder Umwelt- oder Nachhaltigkeitsargumente – für eine Reduktion im Materiellen und einer „Vereinfachung“ des Persönlichen plädieren, letztlich um die Komplexität der persönlichen Verhältnisse von Beruf, Familienleben und anderen Ansprüchen besser zu meistern (http://www.simpleliving.net).

Mischarbeit

Das Konzept der Mischarbeit verbindet Erwerbsarbeit mit allen anderen in einer Volkswirtschaft relevanten unbezahlten Arbeitsformen, wie Eigenarbeit (z.B. Haus- und Gartenarbeit), Versorgungsarbeit (z.B. Kinderbetreuung, Kranken- und Altenpflege) und Gemeinschaftsarbeit (z.B. unbezahlte Tätigkeiten in Selbsthilfegruppen, gemeinnützigen Vereinen, informellen Organisationen) – und zwar für alle Bevölkerungsgruppen –, und erkennt diese informellen Arbeiten (Eigenarbeit, Versorgungsarbeit und Gemeinschaftsarbeit) als produktive Beiträge zu einer nachhaltigen Entwicklung unserer Gesellschaft an (vgl. Hans-Böckler-Stiftung 2000). Dies kann in der Praxis durch mehr Flexibilität am Arbeitsplatz und Arbeitszeitverkürzung umgesetzt werden.

Formen der Arbeitszeitverkürzung sind neben der Verkürzung der Wochenarbeitszeit, der Abbau von Überstunden, die Verlängerung des Erholungsurlaubs sowie die Ausweitung von Karenzzeiten (Sabbaticals). Neben positiven Wirkungen auf die Arbeitsproduktivität könnte eine merkliche Verkürzung der Erwerbsarbeitszeiten die Eigen- und Versorgungsarbeit erhöhen. Überbeanspruchung und arbeitsbedingte Erkrankungen können vermindert und eine bessere Vereinbarkeit von Beruf und Familie kann erreicht werden. Auch in Bezug auf eine Entlastung der Staatshaushalte kann das Konzept der Mischarbeit wertvolle Impulse liefern. Eine stärkere Ausrichtung auf Nicht-Erwerbsarbeit ermöglicht beispielsweise die Substitution professioneller Pflege- und Erziehungsleistungen und daher eine geringere finanzielle Belastung für die öffentliche Hand (Stocker et al., 2006).

Zur Umsetzung des Konzepts ist es notwendig, Erwerbsarbeit umzuverteilen, sowie die institutionelle Absicherung der informellen Arbeiten zu schaffen, die in Form einer allgemeinen Grundsicherung oder eines Grundeinkommens verwirklicht werden kann (vgl. Brandl, Hildebrandt, 2001), was allerdings deutliche Veränderungen des gesamten Sozialsystems nach sich ziehen würde.

Wenn die Erwerbsarbeit aber sinkt, weil mehr Menschen Nicht-Erwerbsarbeit leisten (möchten), würde das Wachstum des Bruttoinlandsprodukts zurück gehen und davon abhängig der Umwelt- und Ressourcenverbrauch, ohne dass damit die Lebensqualität sinken muss – im Gegenteil sie steigt sogar an.

Weniger arbeiten für weniger Geld heißt nämlich gleichzeitig, auch mehr Zeit für Freizeit und damit für „Immaterielles“ zu haben – für Beziehungen und Muße, für Bildung, Selbstverwirklichung, Erziehung und Pflege, Gemeinschaftsarbeit für unsere Kinder, Eltern und Freunde. Dies ermöglicht nicht nur eine freiwillige Reduktion materiellen Konsums zugunsten von mehr Freizeit, sondern auch mehr (Lebens-)Zeit, um sich aktiv im Sinne nachhaltiger Entwicklung zu engagieren. Überbeanspruchung und arbeitsbedingte Erkrankungen können vermindert und eine bessere Vereinbarkeit von Beruf und Familie erreicht werden. Umverteilung von Erwerbsarbeit bedeutet aber auch, dass viele, die derzeit als schlecht qualifiziert gelten, eine Chance hätten, „on the job“ wieder Qualifikationen zu erwerben.

Neben diesen Beispielen gibt es noch zahlreiche andere, die zeigen, dass eine hohe Lebensqualität mit nachhaltiger Entwicklung vereinbar ist. Wir gehen sogar weiter und sagen, dass eine hohe Lebensqualität für alle heute und in Zukunft nur möglich ist, wenn die Entwicklung dieser Erde und ihrer Systeme eine nachhaltige ist. Denn wenn die Ökosysteme nicht mehr funktionieren, wenn Ressourcen zunehmend knapper werden oder sogar verschwinden, können die zukünftigen Generationen ihre Bedürfnisse nicht erfüllen. Und wenn die Verteilung der ‚capabilities‘ nach wie vor so ungerecht verteilt bleibt (20% der derzeit lebenden Menschen verbrauchen 80% der vorhandenen Rohstoffe), ist auch gegenwärtig keine hohe Lebensqualität für jeden Menschen erreichbar.

4. Wer kann was tun?

Es ist die Aufgabe und die Verantwortung jeder/s einzelnen (Bürgers/in, Unternehmens) aber auch der Gesellschaft (also der Politik), sich an der notwendigen Umsteuerung zu beteiligen und diese nicht durch ein undifferenziertes Festhalten an derzeit nicht-nachhaltigen Strukturen zu verhindern.

Politiker/innen können damit starten, die in diesem Kapitel genannten Ideen zu verinnerlichen, hinter ihnen zu stehen, sie selbst zu leben und damit Vorbild zu sein und sie (positiv) zu kommunizieren, wo und wann immer möglich. Dann erst sind konkrete Maßnahmen wirklich zielführend. In erster Linie kann die Politik beim Schaffen von capabilities tätig werden, die geeignet sind, nachhaltige Strategien zu unterstützen (durch Steuern, Regelungen, Subventionen oder Konzepte, wie jenes der Mischarbeit). Das Ziel „must be to establish new structures that provide capabilities for people to flourish – and in particular to participate meaningfully and creatively in the life of society – in less materialistic ways" (SDC 2009, S. 11).

Neben der Förderung individueller Fähigkeiten gehört dazu die Erstellung und Aufrechterhaltung der für die Überlebensfunktion notwendigen natürlichen und sozialen Systeme. Das Glück aller Menschen sollte möglichst groß und gerecht verteilt sein – innerhalb einer Generation und über einen längeren Zeitraum für viele weitere Generationen.

Bewusstseinsarbeit und Bildung sind Voraussetzung für die Menschen, um Zugang zu einem neuen Paradigma zu finden. Dabei müssen sie unterstützt werden durch neue Bildungsinhalte, andere Schulsysteme, Informationen, Änderung von Werbungsstil und -inhalt, Platzieren der Botschaften in sämtlichen Medien etc. Ein weiterer hilfreicher und wichtiger Faktor ist die verstärkte Partizipation von Bürger/inne/n in politischen Entscheidungsprozessen, nicht nur als Zuhörer/innen, sondern als Mitgestalter/innen.

Gerade *Unternehmen* müssen sich den Herausforderungen stellen. Sie unterliegen im gegenwärtigen System einem gewissen Wachstumszwang, der durch überzogene Gewinnerwartungen von Eigentümern und Banken meist noch verstärkt wird. Gerade familiengeführte Unternehmen können – und sollten – sich diesem Zwang durch eine Strategie qualitativer Entwicklung statt ständigem Wachstum entziehen – zum Wohle des Ganzen und zu ihrem eigenen! Dies bedarf der Bewusstseinsänderung im Management und auf Führungsebenen. Corporate Social Responsibility, energie- und ressourcenschonende Wirtschaftsweise, sowie ganzheitliche Konzepte, deren Ziel nicht nur Profitmaximierung ist, stehen hier im Zentrum.

Der Versandhändler „manufactum" zeigt z.B., dass es auch heute noch möglich ist, qualitätsvolle, langlebige Produkte herzustellen und zu verkaufen – und das für praktisch alle Bereiche des täglichen Lebens. „Langlebigkeit" bedeutet, dass für eine bestimmte Dauer an Nutzung weniger Produkte produziert und gekauft werden müssen: Die Umwelt wird geschont und wir erhalten Dinge, die das Leben lebenswert machen. Und: qualitativ hochwertige Produkte, die zumeist teurer sind, zu kaufen, bedeutet auch, ein bestimmtes Einkommen für weniger, dafür aber qualitativ hochwertigere Dinge und damit für einen geringeren Ressourcenverbrauch zu verwenden.

Auch die Wissenschaft kann und soll mit neuen Inhalten und Forschungsmethoden, die über rein objektive Forschung hinausgehen und die Bedürfnisse und Gefühle der Menschen integrieren, einen wichtigen Beitrag leisten (siehe dazu Rauschmayer et al. 2008).

Eine positive Entwicklung in Richtung aller gesellschaftlich wichtigen Ziele (weniger Ressourcenverbrauch, hohe Lebensqualität, funktionierende Wirtschafts- und natürliche Systeme) scheint also möglich, auch wenn es im Übergang sicherlich „Verlierer" gibt, vor allem bei denen, die sich aufgrund ihrer wirtschaftlichen und persönlichen Voraussetzungen schlechter auf die neuen Anforderungen einstellen können. Wichtig sind dabei eine größere Flexibilität auf Seiten aller Akteure bei gleichzeitig sozialer Absicherung und begleitender Hilfestellung für Unternehmen wie auch einzelner Menschen im bevorstehenden Strukturwandel.

Der Mensch steht im Mittelpunkt dieser Veränderung. Wenn er nicht mitmacht, kann eine Transition nicht gelingen. "Only through such changes will it be possible to get ourselves 'unhooked' from growth, free ourselves from the relentless flow of novelty that drives material throughput and find instead a lasting prosperity – the potential to flourish, within ecological and social limits" (SDC 2009, S. 65).

Die Autor/inn/en danken den SERI und anderen Kolleg/inn/en für wertvollen Diskussionsinput, der in dieses Kapitel miteinfloss. Insbesonderen danken wir Elke Pirgmaier, die durch ihr kritisches Gegenlesen des Kapitels dieses aufwertete.

Anmerkungen

1 Es gibt kaum Konsum, der wirklich immateriell ist. Beispiele dafür wären Meditation, Singen, Spazieren gehen. Allerdings können auch diese Tätigkeiten mit Material (Kleidung, beheizter Raum) verbunden sein.
2 Wir verstehen nachhaltige Entwicklung – wie im WCED 1987 definiert – als „eine Entwicklung, die den Bedürfnissen der heutigen Generation entspricht, ohne die Möglichkeiten künftiger Generationen zu gefährden, ihre eigenen Bedürfnisse zu befriedigen und ihren Lebensstil zu wählen".
3 www.oenb.at/de/stat_melders/statistische_publika/gfr/gfr_berichte_20080806_selektive_geldvermoegensbildung.jsp
4 In Europa ist die Ressourceneffizienz höher als im globalen Durchschnitt.
5 Er ist ein Vorreiter der ökologischen Ökonomie und wurde 2008 mit dem Boulding Award ausgezeichnet.

Literatur

Alkire, S.: Dimensions of Human Development. In: World Development 30(2), 181-205, 2002.

Allardt, E.: Having, Loving, Being: An Alternative to the Swedish Model of Welfare Research. In: Nussbaum M., Sen, A. (Hg.): 88-94, 1993.

Arndt, C.; Dann, S.; Kleimann, R.; Strottmann, H.; Volkert, J.: Das Konzept der Verwirklichungschancen (Sen, A.) – Empirische Operationalisierung im Rahmen der Armuts- und Reichtumsmessung – Machbarkeitsstudie. Endbericht an das Bundesministerium für Arbeit und Soziales, 2006.

Behrens, A.; Giljum, S.; Kovanda, J.; Niza, S.: The material basis of the global economy: Worldwide patterns of natural resource extraction and their implications for sustainable resource use policies. In: Ecological Economics, 64/2007: 446-453, 2007.

Binswanger, M.: Die Tretmühlen des Glücks: Wir haben immer mehr und werden nicht glücklicher. Was können wir tun? Freiburg, 2006.

Brandl, S.; Hildebrandt, E.: Expertise: „Arbeit und Ökologie", Wissenschaftszentrum Berlin für Sozialforschung, 2001.

Clark, A.E.; Frijters P.; Shields M.: Relative income, happiness, and utility: An explanation for the Easterlin Paradox and other puzzles. J Econ Lit 46: 95–144, 2008.

Easterlin, R.A. et al.: The happiness – income paradox revisited. (http://www.pnas.org/content/107/52/22463.full.pdf+html vom 19.03.2012), 2010.

Easterlin, R.A.: Does economic growth improve the human lot? Some empirical evidence. In: David R; Reder R. (Hg.). Nations and Households in Economic Growth: Essays in Honor of Moses Abramovitz. New York, 1974.

Elgin, D.; Mitchell, A.: Voluntary Simplicity, in: The Co-Evolution Quarterly, Summer: 5-18, 1977.

Hans-Böckler-Stiftung: Wege in eine nachhaltige Zukunft. Ergebnisse aus dem Verbundprojekt Arbeit und Ökologie. Düsseldorf, 2000.

Hinterberger, F.; Hutterer, H.; Omann, I.; Freytag, E. (Hg.): Welches Wachstum ist nachhaltig?, 2009.

IPCC: Climate Change: IPCC Fourth Assessment Report (AR4), Genf (http://www.ipcc.ch/), 2007.

Jäger, J.: Was verträgt unsere Erde noch? Wege in die Nachhaltigkeit. Frankfurt am Main, 2008.

Kammer für Arbeiter und Angestellte für Wien: Kurzbericht zur dritten österreichischen Kaufsuchtstudie 2006. (www.klartext.at/presseartikel/kaufsucht_spielsucht/Studie_Kaufsucht_2006%5B1%5D_Kurzbericht%20AK.pdf).

Küstenmacher, W.T.; Seiwert, L.J.: Simplify your life. Einfacher und glücklicher leben. Frankfurt, New York, 2004.

Lane, R.E.: Quality of Life and Quality of Persons: A New Role for Government. In: Offer A. (Hg.): In Pursuit of the Quality of Life. New York, 256-293, 1996.

Layard, R.: Die glückliche Gesellschaft, 2005.

Max Neef, M.A.; Elizald, A. et al.: Development and Human Needs. Human Scale Development: conception, application and further reflections. New York, 13-54, 1991.

MEA, Millennium Ecosystem Assessment: Ecosystems and Human Well-being: Biodiversity Synthesis. World Resources Institute, Washington, D.C., 2005 (www.millenniumassessment.org).

Meadows, D.L.; Randers, J.; Meadows, D.: Grenzen des Wachstums. Das 30-Jahre-Update. Stuttgart, 2006.

Meadows, D.L.; Randers, J.: Die neuen Grenzen des Wachstums. Reinbek, 1993.

Meadows, D.L.; Zahn, E.; Milling, P.: Die Grenzen des Wachstums. Hamburg, 1973.

Nussbaum, M.C.: Women and human development: The capabilities approach. Cambridge, 2000.

Paech, N.: Nachhaltigkeit zwischen ökologischer Konsistenz und Dematerialisierung: Hat sich die Wachstumsfrage erledigt? Natur und Kultur Jg. 6/1, 2005.

Paech, N.: Unternehmerische Nachhaltigkeit und die ungelöste Wachstumsfrage: Von der Funktionsorientierung zur Bedarfssubstitution. Uwf (2007) 15, 86–91, 2007.

Quack, D.: Szenarien Nachhaltiger Konsum 2020. Arbeitspaket I im Projekt EcoTopTen Klimaschutz durch ökoeffizienten Konsum, Öko-Institut e.V., Freiburg, 2008.

Rauschmayer, F.; Omann, I.; Frühmann, J.: What about needs? Re-conceptualising Sustainable Development. SERI Working paper, No 8. Download at www.seri.at/publications, 2008.

Rockström, J.; Steffen, W.; et. al.: Planetary Boundaries: Exploring the Safe Operating Space for Humanity. Ecol Soc, 14(2), 2009.

Salzburger Lebensqualitätsgespräche: Werkstattbericht der Tagung Zukunft: Lebensqualität an der FH Salzburg, 2008.

Sustainable Development Commission (SDC): Prosperity without growth. Jackson, Tim (Hg.): The transition to a sustainable economy, 2009.

Sen, A.K.: Human Rights and Capabilities, Journal of Human Development 6 (2): 151–166, 2005.

Sen, A.K.: Capability and Well-Being, in: The Quality of Life, Nussbaum, Martha C.; Sen, A.K. (Hg.), Oxford, 31-53, 1993.

Sen, A.K.: The Standard of Living, in: Hawthorn (Hg.): The Standard of Living, Cambridge, 1-38, 103-112, 1987.

Stocker, A.; Hinterberger, F.; Strasser, S.: Mischarbeit und das Konzept der Halbtagsgesellschaft, in: Hartard, S.; Stahmer, C.; Schaffer, A. (Hg.): Die Halbtagsgesellschaft – konkrete Utopie für eine zukunftsfähige Gesellschaft, 2006.

Touchpoint: Nachhaltigkeit statt Hype (Presseinformation), Düsseldorf, 2008.

UNEP: Consumption opportunities. Strategies for Change, 2001.

UNWCED, United Nations World Commission on Environment and Development. Our Common Future, 1987. (http://www.un-documents.net/wced-ocf.htm).

Westerhoff, G.J.; Keyes, C.L.M.: Positive mental health: From happiness to fulfillment of potentials. Presentation given at ‚Happiness and Capability: Measurement, Theory and Policy' in Radboud University Nijmegen, 22.-23.8.2008.

Zapf, W.: Individuelle Wohlfahrt. Lebensbedingungen und wahrgenommene Lebensqualität, in: Glatzer, W.; Zapf, W. (Hg.): Lebensqualität in der Bundesrepublik. S.13-26, Frankfurt am Main, 1984.

Humane Weltgesellschaft oder Selbstzerstörung

Menschheit an der Weggabelung

Josef Riegler

Bis vor 40 Jahren fehlte den Menschen das Wissen um die Begrenztheit unseres Planeten. Die westliche Zivilisation war auf Westeuropa und Nordamerika beschränkt und noch viel weniger ressourcenintensiv.

Inzwischen gab es radikale Veränderungen:

- Die schrankenlose Öffnung der Märkte und insbesondere die völlige Liberalisierung der Finanzmärkte führte im Zusammenhang mit der revolutionären Entwicklung der Informationstechnologie zu einer alles erdrückenden globalen Finanzblase.
- Die rücksichtslose und kurzsichtige Ausbeutung der natürlichen Ressourcen geht weiter: Überfischung der Ozeane, „Landraub" auf Kosten ortsansässiger Bauern und indigener Völker.
- Der bereits stattfindende Klimawandel wird zur globalen Bedrohung und dürfte die Bedingungen für höheres Leben gravierend verändern. Trotzdem scheitert bisher eine wirksame weltweite Klimastrategie am Egoismus großer Staaten und mächtiger Interessengruppen.
- Die Zahl der Menschen ist inzwischen auf 7 Milliarden angestiegen und wächst weiter in Richtung 11 Milliarden bis Ende dieses Jahrhunderts – davon mehr als 3/4 in Asien und Afrika.
- Während der hundert Jahre zwischen 1950 und 2050 wird sich die Zahl der Menschen von 2,5 auf beinahe 10 Milliarden fast vervierfacht haben.
- Riesige Völkerwanderungen und das massenhafte Sterben von Menschen als Folge von Umweltzerstörung, Naturkatastrophen, Hungersnöten und Kriegen sind zu befürchten.

Sieben Thesen

These 1:
In einem begrenzten Natursystem ist grenzenloses materielles Wachstum nicht möglich.

These 2:
Eine Balance zwischen Humansystem und Natursystem erfordert ein neues Wirtschafts- und Gesellschaftsmodell nach den Prinzipien einer „Ökologisch-sozialen Marktwirtschaft“.

These 3:
Zwischen „erster“ und „vierter“ Welt brauchen wir unterschiedliche Wachstumsstrategien.

These 4:
Wir befinden uns am Beginn der dritten großen Verhaltensrevolution der Menschheit hin zu einer nachhaltigen Gesellschaft.

These 5:
Bewusstseins- und Wertewandel als Schlüssel für eine lebenswerte Zukunft.

These 6:
Wir brauchen eine neue Kultur der gemeinsamen Verantwortung für die EINE Welt.

These 7:
Die Realisierung einer funktionsfähigen Global Governance auf der Grundlage von Solidarität, fairen Entwicklungschancen sowie Friedensfähigkeit ist möglich und notwendig.

These 1: Die Grenzen des Wachstums

Der erste Bericht des Club of Rome hat auf diese Problematik und die damit verbundene Herausforderung bereits im Jahr 1972 aufmerksam gemacht: „Unkontrolliertes Wachstum hat die Menschheit in die Krise geführt. Sie steht an der Grenze ihrer irdischen Existenzmöglichkeiten ... Noch hat die Menschheit die Chance, durch ein auf die

Zukunft bezogenes gemeinsames Handeln aller Nationen die Lebensqualität zu erhalten und eine Gesellschaft im weltweiten Gleichgewicht zu schaffen, die Bestand für Generationen hat." Konkret wird dazu Folgendes ausgeführt: „Wenn die gegenwärtige Zunahme der Weltbevölkerung, der Industrialisierung, der Umweltverschmutzung, der Nahrungsmittelproduktion und der Ausbeutung von natürlichen Rohstoffen unverändert anhält, werden die absoluten Wachstumsgrenzen auf der Erde im Laufe der nächsten hundert Jahre erreicht ... Es erscheint möglich, die Wachstumstendenzen zu ändern und einen ökologischen und wirtschaftlichen Gleichgewichtszustand herbeizuführen, der auch in weiterer Zukunft aufrechterhalten werden kann ... Je eher die Menschheit sich entschließt, diesen Gleichgewichtszustand herzustellen, und je rascher sie damit beginnt, umso größer sind die Chance, dass sie ihn auch erreicht."[1]

Warum ist es bisher trotz „Rio-Konferenz" 1992 und Kyoto-Konferenz 1997 nicht gelungen, eine wirkliche Wende zu erreichen? Eine Antwort darauf formulierte Dennis Meadows schon 1972: „Der Grundgedanke einer Gesellschaft im wirtschaftlichen und ökologischen Gleichgewicht ist scheinbar leicht zu erfassen; doch ist unsere heutige Wirklichkeit davon so weit entfernt, dass praktisch eine geistige Umwälzung kopernikanischen Ausmaßes für die Umsetzung unserer Vorstellungen in praktische Handlungen erforderlich sein dürfte."[2]

Der österreichische Verhaltensforscher Irenäus Eibl-Eibesfeldt spricht bezüglich des Verhaltens der Menschen von der „Falle des Kurzzeitdenkens", die uns als Prägung seit 15.000 Jahren innewohnt mit zwei Problemlagen, von deren „kultureller Zügelung" das Glück der kommenden Generationen abhängen wird: Der Wettlauf im Jetzt und das ungezügelte Machtstreben. Dieses menschliche Ur-Verhaltensmuster des Strebens nach kurzfristigen Vorteilen für sich, für seine Gruppe, für seinen Staat wird angesichts eines Planeten mit bald 9 Milliarden Menschen, die zu einer Schicksalsgemeinschaft „verurteilt" sind, zur kontraproduktiven Sackgasse: Was wir der Natur, anderen Geschöpfen, anderen Menschen und anderen Gruppen antun, fällt auf uns selbst zurück![3]

These 2: Ökosoziale Marktwirtschaft als Modell der Balance

Aus den bitteren Erfahrungen Europas im 20. Jahrhundert wissen wir um die Wichtigkeit von Konsens, Partnerschaft und Balance, wie sie als „Qualitätssprung" ab 1950 in der Sozialen Marktwirtschaft durch die Synthese von Arbeit und Kapital praktisch realisiert wurde. Die Erweiterung dieser Synthese um das Prinzip der ökologischen Nachhaltigkeit habe ich vor 20 Jahren im magischen Dreieck der Ökosozialen Marktwirtschaft definiert: Leistungsfähige Wirtschaft – soziale Solidarität – Ökologie im Sinne nachhaltigen Umweltschutzes. Mit diesem Modell wäre ein Instrument für eine Balance zwischen Mensch und Natur, ein Instrument für nachhaltig verträgliches Wachstum gegeben.

Der zentrale Gedanke des Konzeptes der Ökosozialen Marktwirtschaft lautet: Wir können den notwendigen Umstieg auf Nachhaltigkeit in der uns zur Verfügung stehenden knappen Zeitspanne nur schaffen, wenn wir Umweltschutz nicht gegen die Interessen der Wirtschaft und der Konsumenten betreiben, sondern wenn wir ähnlich dem „Jiu-Jitsu-Prinzip" die Dynamik des Marktes verwenden, um sie in den Dienst des Umweltschutzes zu stellen. Das geschieht dann, wenn Preise und Kosten die ökologische Wahrheit ausdrücken und das Verursacherprinzip zur Anwendung kommt.

Die konkreten wirtschaftspolitischen Instrumente zur Durchsetzung von Nachhaltigkeit im Konzept der Ökosozialen Marktwirtschaft sind:

1. Durch politische Rahmenbedingungen und Vorgaben muss durchgesetzt werden, dass Umweltbelastungen in die Kosten einzurechnen sind. Ebenso der Verbrauch an begrenzt vorhandenen Ressourcen.
2. Ökosozialer Umbau des Steuersystems mit dem Ziel, erneuerbare Energie und nachwachsende Rohstoffe gegenüber fossilen Rohstoffen preislich konkurrenzfähig zu machen und gleichzeitig die Abgaben auf menschliche Arbeit zu reduzieren.
3. Der Einsatz von Steuergeldern in Form von Förderungen und Subventionen soll ausschließlich nachhaltigen Produktionsprozessen und Produkten zugute kommen.
4. Durch eine strikte und für den Käufer leicht nachvollziehbare Produktdeklaration ist sicherzustellen, dass bei Kaufentscheidungen das Prinzip der Nachhaltigkeit berücksichtigt werden kann.

Der Schlüssel zur Durchsetzung von Nachhaltigkeit heißt also ökologische Kostenwahrheit und striktes Verursacherprinzip – und zwar weltweit! Das setzt allerdings eine mutige, zukunftsorientierte und durchsetzungsfähige weltweite politische Gestaltung voraus! Weltweite Ökosoziale Marktwirtschaft ist ohne Wertewandel und spirituelle Erneuerung nicht machbar.

These 3: Differenzierte Sicht auf ökonomisches Wachstum

Angesichts der Tatsache, dass es einem Drittel der Menschheit an den Grundvoraussetzungen für ein menschenwürdiges Leben fehlt – trinkbares Wasser, ausreichend Nahrung, Schulen, medizinische Versorgung, notwendige Infrastruktur – werden wir, global betrachtet, ohne materielles Wachstum nicht auskommen. Aber es geht um ein ökologisch verträgliches Wachstum: Nachhaltige Landnutzung, schonender Umgang mit Wasser und Boden, solare Energiesysteme, sanfte Mobilität.

Um dazu in der Lage zu sein, müssen die in Entwicklung befindlichen Länder durch Technologietransfer und Kofinanzierung seitens der Industriestaaten partnerschaftlich unterstützt werden.

In den „gesättigten" Industriegesellschaften brauchen wir hingegen einen Wandel von quantitativem, ressourcenzerstörendem Wachstum hin zu qualitativem Wachstum in Balance mit dem Natursystem und in gesellschaftlichem Gleichgewicht auf der Basis von Solidarität und Menschenwürde.

Eine zentrale Frage lautet: Um welches Wachstum handelt es sich?

1. *Materielles Wachstum:* In diesem Bereich ist eine radikale Entkoppelung des wirtschaftlichen Wachstums vom Bedarf an Energie und Rohstoffen einerseits und der Verursachung von Umweltbelastungen andererseits notwendig. Franz Josef Radermacher[4] vertritt im Rahmen der Global Marshall Plan Initiative das Ziel eines „doppelten Faktors 10", nämlich weltweit betrachtet eine um den Faktor 10 erhöhte Wirtschaftsleistung bei gleichzeitig einem Zehntel des Ressourcenbedarfes im Zeitraum der nächsten hundert Jahre. Eine solche Wachstumsstrategie ist nur auf der Basis einer „solaren Zivilisation" mit Hilfe einer neuen technologischen Revolution vorstellbar. Der Schlüssel dazu lautet: Kostenwahrheit –: denn nur so wird es zur Mobilisierung aller möglichen Innovationen kommen (siehe dazu: Jeremy Rifkin, „Die Dritte Industrielle Revolution").[5]
2. *Vom quantitativen zum qualitativen Wachstum:* Entscheidend für den notwendigen Paradigmenwechsel ist der Übergang von der bisherigen Dominanz eines quantitativen hin zu einem qualitativen Wachstumsverständnis. Dabei geht es nicht um ein „Mehr" an materiellen Gütern, sondern um ein Wachstum in nicht-materiellen

Bereichen – wie zum Beispiel: Bildung, Gesundheit, Kultur, soziale Sicherheit, Gerechtigkeit, Zufriedenheit, erfülltes Leben.

These 4: Dritte Verhaltensrevolution der Menschheit – nachhaltige Gesellschaft

Das Anwachsen auf zehn Millionen Menschen vor 8000 Jahren zwang die Menschheit zur ersten großen Verhaltensrevolution: dem Übergang vom Jäger- und Nomadendasein zu sesshaften Landwirten und in der Folge zur Arbeitsteilung in städtischen Kulturen.

Um 1750 war die Zahl der Menschen auf 800 Millionen gestiegen – wieder waren Grenzen des Wachstums erreicht: bebaubare Landflächen und Energie wurden knapp. Mit dem intensiven Abbau von Kohle in England setzte die zweite einschneidende Verhaltensänderung der Menschheit ein: die Industrielle Revolution.

Gegenwärtig befindet sich die Menschheit an der Schwelle zur dritten großen Zäsur: dem Übergang zu einer Zivilisation der Nachhaltigkeit, einer Zivilisation, die sich auf Dauer in einem dynamischen Gleichgewicht mit dem Natursystem befindet. Ein solcher fundamentaler Wandel im Gesamtverhalten der Menschheit erfordert Visionen. „Visionen zu haben bedeutet, sich vorstellen zu können, was man eigentlich haben will, und zwar nicht das, was uns herkömmlich als begehrenswert gelehrt worden ist, auch nicht das, was man nach gemachten Erfahrungen nunmehr vernünftigerweise haben will. Echte Visionen sind frei von Überlegungen, ob das auch machbar ist, frei von Unglauben und erfahrenen Enttäuschungen. Die Vorstellungskraft bewegt sich ungehemmt durch den Raum der Träume (...) Eine neue Gesellschaft kann niemals zustandekommen, wenn sie nicht visionär vorgezeichnet wird. Diese Vision baut sich aus den Beiträgen sehr vieler Menschen auf, bis sie sich dann einigermaßen zusammenschließt und überzeugend wirkt.“[6]

„Innerhalb der Grenzen von Raum, Zeit, Materie und Energie können visionäre menschliche Absichten nicht nur neue Informationen, neue Rückkopplungen, neues Verhalten, neue Erkenntnisse und neue Techniken bringen, sondern auch neue Institutionen und physische Strukturen schaffen und bei den Menschen neue Kräfte freisetzen.“ Visionen münden letztlich in konkrete Vorhaben und Verhaltensänderungen in Richtung eines gesellschaftlichen Wandels. Solche Ziele wären im Bezug auf eine nachhaltige Gesellschaft:

- Nachhaltigkeit, Effizienz, Genügsamkeit, Gerechtigkeit, Schönheit und Gemeinschaftssinn als höchste gesellschaftliche Werte.
- Effiziente Systeme zur Nutzung erneuerbarer Energien.
- Eine regenerative Landwirtschaft, die ausreichende Mengen unbelasteter Lebensmittel produziert, zur Bodenbildung beiträgt und sich natürliche Prozesse zunutze macht.
- Die Erhaltung von Ökosystemen in ihrer Vielfalt, wobei die menschlichen Zivilisationen in Harmonie mit diesen Ökosystemen leben.
- Dezentralisierung von wirtschaftlicher Macht, politischem Einfluss und wissenschaftlichem Sachverstand.
- Politische Strukturen, die ein Gleichgewicht zwischen kurzfristigen und langfristigen Überlegungen erlauben.
- Fähigkeit zur gewaltfreien Konfliktlösung.
- Lebensziele, Wertvorstellungen und Selbstwerteinschätzung, in deren Mittelpunkt nicht die Anhäufung materieller Güter steht.[7]

These 5: Bewusstseins- und Wertewandel als Schlüssel für eine lebenswerte Zukunft

Vieles deutet darauf hin, dass sich die Menschheit in den Geburtswehen hin zu einer neuen Stufe menschlichen Bewusstseins befindet. Wir leben an der Schwelle zu einer tiefgreifenden geistigen und kulturellen Zäsur in der bisherigen Menschheitsgeschichte.

Das vom abendländischen Geist geprägte rationale Bewusstsein hat der Menschheit grandiose Entwicklungen in Wissenschaft und Technik gebracht. Aber es stößt in seiner einseitig materiellen Ausrichtung immer mehr an seine Grenzen. Das spüren wir rundum.

In seinem Buch „Globale Wende“ verweist Hartmut Bossel auf das Phänomen zweier konkurrierender Ethiken und deren Folgen: Es handelt sich einerseits um eine Ethik des Eigennutzes und andererseits um eine Ethik der Partnerschaft.

Ethik des Eigennutzes bedeutet: „Tue alles, was heute und im Zeitraum deiner Zukunftsperspektive mit hoher Wahrscheinlichkeit zu direkten oder indirekten Folgen führt, deren Nutzen für dich größer ist als der dir entstehende Schaden ... Wegen der systemaren Kurzsichtigkeit bedeutet dieser Denkrahmen eine vorprogrammierte Beeinträchtigung der Funktions- und Entwicklungsfähigkeit des Gesamtsystems. Die Smithsche unsichtbare Hand verleiht dem sogar noch einen moralischen Anstrich.“

Wird dagegen eine partnerschaftliche Ethik gelebt, dann werden ethische Überlegungen auf alle gegenwärtigen und zukünftigen Teilsysteme ausgedehnt, gleich ob sie menschlich oder nichtmenschlich, belebt oder unbelebt sind. Das Prinzip einer Ethik der Partnerschaft lautet: „Alle Systeme, die hinreichend einzigartig und unersätzlich sind, haben gleiches Recht auf Erhaltung und Entfaltung".[8]

In seinem „Lebenswerk" zum Thema Weltethos beschäftigt sich der Theologe Hans Küng besonders intensiv mit der Entwicklung eines ethischen Fundamentes für die gesamte Menschheit als Grundlage für wertorientiertes Handeln. In seinem jüngsten Buch „Anständig wirtschaften – Warum Ökonomie Moral braucht" formuliert Hans Küng vier Imperative der Menschlichkeit: Nicht töten! – nicht stehlen! – nicht lügen! – nicht Sexualität missbrauchen!

„Diese vier – alle Kulturen und Religionen übergreifenden – Normen sind elementar und allgemein. Sie stellen Konkretisierungen von zwei Grundprinzipien eines Menschheitsethos dar: Humanität und Gerechtigkeit!"[9]

Für eine lebenswerte Zukunft benötigen wir ein Bewusstsein, welches die Gesamtheit der Mensch-Mensch-; der Mensch-Mitwelt- und der Mensch-Gott-Beziehung umfasst. Es geht um ein universelles Bewusstsein, welches alle Dimensionen des Menschen – die körperliche, die geistige, die seelische und die spirituelle – zur Entfaltung bringt. Konkret heißt das: Solidarität statt Habsucht; Mitgefühl statt Machtsucht; Achtung der Würde jedes Menschen statt Ehrsucht; inneres Lebensglück statt Genusssucht; Ehrlichkeit, Handschlagqualität, Fairness, Ehrfurcht vor jedem Leben. Prinzipien der christlichen Soziallehre können dafür Orientierungspunkte liefern: Personalität, Solidarität, Subsidiarität und Schöpfungsverantwortung.

Die Herausforderung zu einer wertorientierten Grundentscheidung des Menschen formuliert Herwig Büchele in seinem Buch „Vor der Gefahr der Selbstauslöschung der Menschheit" besonders eindringlich: „Der Mensch ist zu einer Grundentscheidung herausgefordert: Entweder er verweigert sich – er will Gott nicht als seinen Herrn anerkennen und nicht im Licht des Lebens wandeln – oder er bekehrt sich zu Gott um Gottes selbst willen. Wenn ich den lebendigen Gott erfahren habe, dann erkenne ich in diesem Licht der Wahrheit klar die Götzenwelt, die Götterherrschaft und die Perversion der Systeme... Der Mensch verfällt der Götzenwelt, wenn in seinem Leben keine positive, alternative, ihn tragende Erfahrung und Wirklichkeit aufleuchtet, eben die Erfahrung der Gegenwart Gottes in seinem Leben ... Ohne diese Gotteserfahrung nützt es wenig bis nichts, den Menschen zu ermahnen, den Sinn seines Lebens nicht in dieser Welt der Götzen zu suchen."[10]

These 6: Verantwortung für die EINE Welt

„Im herrschenden Wirtschaftssystem sind die Unternehmen und Banken tendenziell – bei Strafe des Untergangs – gezwungen, ihre Entscheidungen dem Gewinn-, Macht- und Wachstumskalkül zu unterwerfen. Diese Entscheidungszwänge führen zu dem – oft sublimen – Kampf aller gegen alle, in dem jeder Akteur versuchen muss, andere zu verdrängen, wenn er selbst überleben will ... Sollte sich an den Rahmenbedingungen des herrschenden Wirtschaftssystems nichts Grundlegendes ändern, wird sich das Potential an Gewalt und die Übernutzung von Ressourcen verschärfen ... Die Ökosoziale Marktwirtschaft ist eine realistische Alternative zum Konstrukt einer neoliberal verfassten Marktwirtschaft."[11]

Es geht um eine politisch-ethische Kultur, in der sich alle Kräfte für die Schaffung institutioneller Rahmenbedingungen vereinen, welche die Einheit der Menschheit in Freiheit zum Ziel haben.

In der oben zitierten Broschüre sind vier Prinzipien definiert:

- Option für Gewaltfreiheit: Gewaltfreies Handeln ist die Grundvoraussetzung für den Aufbau einer freieren und gerechteren Gesellschaft.
- Option für die Ausgegrenzten als Maßstab für eine Gesellschaft, die sich am christlichen Prinzip der Solidarität orientiert.
- Option für die Überwindung des Freund-Feind-Denkens als Voraussetzung für den Abbau von Feindschaft und die Entwicklung von Partnerschaft.
- Option für eine Strategie der „Vorleistung": Durch eine positive Vor-Gabe ohne jegliche Forderung einer Gegengabe kann ein neues Klima des Miteinander geschaffen werden.

These 7: Global Marshall Plan für eine weltweite Ökosoziale Marktwirtschaft als Friedensstrategie

Das Prinzip der Vorleistung steht im Zentrum der Global Marshall Plan Initiative. Das Projekt ist bewusst so konzipiert, dass es mit den bestehenden globalen Institutionen und Vertragswerken – nach entsprechender Reform – umsetzbar ist – vorausgesetzt, dass alle globalen Regelungen nach den gleichen Kriterien im Sinne der Balance zwischen Ökonomie, Sozialem und Ökologie arbeiten.

Aus Sicht der Global Marshall Plan Initiative ist eine funktionsfähige Global Governance erreichbar, wenn die globalen und multilateralen Institutionen sinnvoll miteinander verknüpft werden und nach den Prinzipien einer weltweiten Ökosozialen Marktwirtschaft arbeiten.

„Zwei-Säulen-Philosophie"

Die Besonderheit des Projektes Global Marshall Plan für eine weltweite Ökosoziale Marktwirtschaft liegt meines Erachtens in der ihm zugrunde liegenden Zwei-Säulen-Philosophie.

Erste Säule: Faire Entwicklungschancen für alle = Global Marshall Plan:

- rasche Realisierung der UN-Millenniums-Entwicklungsziele als erster Schritt;
- innovative und ordnungspolitisch wünschenswerte Mittelaufbringung: Einlösung des „0,7-Prozent-Zieles" sowie Abgaben auf globale Wirtschaftsprozesse, vorrangig Einführung einer weltweiten Finanztransaktionssteuer;
- im Mitteleinsatz Priorität für die Erreichung der Millenniums-Entwicklungsziele, Bottom-up-Prinzip, Hilfe zur Selbsthilfe, partnerschaftliche Projekte unter Einbindung der zivilgesellschaftlichen Akteure;
- Gewährleistung einer „Good Governance", Einhaltung der Menschenrechte und Bekämpfung der Korruption in den Partnerländern.

Zweite Säule: Fairer globaler Wettbewerb = weltweite Ökosoziale Marktwirtschaft:

- verbindliche und für alle verpflichtende weltweit gültige Sozial- und Umweltstandards;
- wirkungsvolle und weltweit durchsetzbare Regeln für die globalen Finanzmärkte;

- Beseitigung von Steueroasen;
- weltweit gültige Prinzipien für eine faire Steuerpolitik;
- längerfristiges Ziel einer weltweiten Ökosozialen Marktwirtschaft ist die Realisierung eines weltweiten Kohäsionsprinzips als Ausgleich zwischen reicheren und ärmeren Regionen nach dem Beispiel der EU.

Zwei Aktionsebenen

Die Global Marshall Plan Initiative arbeitet auf zwei Aktionsebenen:

1. Intensive Kontakte zu Entscheidungsträgern in Politik und Wirtschaft auf nationalstaatlicher, europäischer und globaler Ebene, damit das Projekt in politischen Entscheidungprozessen realisiert wird;
2. breite Bewegung zur Bewusstseinsbildung von unten. In der Kraft der Vernetzung der Zivilgesellschaft sehen wir die größte Chance zur Durchsetzung einer gerechteren Globalisierung.

Prinzip Gemeinsamkeit

Die Global Marshall Plan Initiative setzt stark auf Gemeinsamkeit:

- Es geht um ein gemeinsames Anliegen von Vertretern der Arbeitnehmer, der mittelständischen Unternehmer und einer nachhaltigen bäuerlichen Landwirtschaft.
- Es geht um die Gemeinsamkeit aller politischen Kräfte, die sich den Prinzipien Menschenwürde, Gerechtigkeit, Solidarität und Nachhaltigkeit verpflichtet fühlen.
- Es geht um das gemeinsame Anliegen von Kirchen, Religionsgemeinschaften, Organisationen der Entwicklungszusammenarbeit, Jugend- und Studentenorganisationen und so fort.
- Die Global Marshall Plan Initiative möchte ein fairer Partner sein und – wenn gewünscht – eine Plattform für Zusammenarbeit anbieten.

Aktuelle Schwerpunkte

Aufgrund der Erfahrung, dass es sehr schwierig ist, ein so komplexes und umfassendes Konzept in die Tagespolitik und in administrative Abläufe umzusetzen, konzentrieren wir uns besonders darauf, konkrete Themen auf europäischer und internationaler Ebene voranzutreiben.

Dazu gehören insbesondere:

- Faire Budgetierung der Entwicklungszusammenarbeit in Höhe von 0,7 % des BIP;
- Realisierung einer weltweiten Abgabe auf Kapitaltransfers;
- Durchsetzung eines Konzeptes für weltweite Klimagerechtigkeit;
- Schaffung einer fairen und leistungsfähigen Entwicklungspartnerschaft; Realisierung der Millennium-Entwicklungsziele;
- Implementierung des Konzeptes der Ökosozialen Marktwirtschaft in die konkrete Politik der Europäischen Union, aufbauend auf Artikel 3 (3) des Lissabon-Vertrages: „Soziale Marktwirtschaft sowie ein hohes Maß an Umweltschutz".

Anlässlich des ersten öffentlichen Auftrittes der Global Marshall Plan Initiative mit der „Stuttgarter Erklärung" im Oktober 2003 haben wir Initiatoren unsere Vision folgendermaßen formuliert:

„Ein Global Marshall Plan für eine weltweite Ökosoziale Marktwirtschaft ist überfällig und im wohlverstandenen Interesse aller Teile der unteilbaren Menschheit. Wir sind daher entschlossen, diese Initiative so lange voranzubringen, bis sie zum gewünschten Erfolg geführt hat."

Das Ziel: Ein Leben in Würde für alle Menschen; eine Zivilisation in Balance mit der Natur; weltweit Gerechtigkeit, Friede und nachhaltige Entwicklung.

Anmerkungen

1 Meadows, Dennis: Die Grenzen des Wachstums. 1972, S. 17.
2 Ders: S. 175.
3 Eibl-Eibesfeldt, Irenäus: In der Falle des Kurzeitdenkens. 1998, S. 121.
4 Radermacher, Franz Josef: Balance oder Zerstörung. Ökosoziales Forum Europa (ÖSFE), 2002, S. 127ff.
Global Marshall Plan – Ein Planetary Contract. ÖSFE, 2004, S. 95ff.
Welt mit Zukunft, 2007, S. 231ff.
5 Rifkin, Jeremy: Die Dritte Industrielle Revolution. 2011.
6 Meadows, Dennis: Die neuen Grenzen des Wachstums. 1992, S. 267-268.
7 Meadows, Dennis: Grenzen des Wachstums – Das 30-Jahre-Update. 2006, S. 282-284.
8 Bossel, Hartmut: Globale Wende – Wege zu einem gesellschaftlichen und ökologischen Strukturwandel. 1998, S. 127-130.
9 Küng, Hans: Anständig Wirtschaften – Warum Ökonomie Moral braucht. 2010, S. 256-258.
10 Büchele, Herwig: Vor der Gefahr der Selbstauslöschung der Menschheit – Die Zeichen der Zeit – theologisch gedeutet. 2006, S. 224.
11 Broschüre Netzwerk von Christen zur Unterstützung der Global Marshall Plan Initiative. www.netzwerkvonchristen.at

Literatur

Bossel, Hartmut: Globale Wende. München, 1998.

Broschüre Netzwerk von Christen – zur Unterstützung der Global Marshall Plan Initiative. 2007.

Büchele, Herwig: Vor der Gefahr der Selbstauslöschung der Menschheit. 2. Auflage, Wien, 2006.

Büchele, Herwig; Pelinka, Anton (Hg.): Friedensmacht Europa: Dynamische Kraft für Global Governance? Innsbruck, 2011.

Eibl-Eibesfeldt, Irenäus: In der Falle des Kurzzeitdenkens. München, 1998.

Global Marshall Plan Initiative: Global Marshall Plan – Planetary Contract. Stuttgart, 2004.

Küng, Hans: Anständig wirtschaften. München, 2010.

Meadows, Dennis, et al.: Die Grenzen des Wachstums. Stuttgart, 1972.

Meadows, Dennis, et al.: Die neuen Grenzen des Wachstums. Stuttgart, 1992.

Meadows, Dennis, et al.: Grenzen des Wachstums: Das 30-Jahre-Update. Stuttgart, 2006.

Radermacher, Franz Josef: Balance oder Zerstörung. Ökosoziales Forum Europa, Wien, 2002.

Radermacher, Franz Josef: Global Marshall Plan – Ein Planetary Contract. Ökosoziales Forum Europa, Wien, 2004.

Radermacher, Franz Josef: Welt mit Zukunft. 2. Auflage, Hamburg, 2011.

Radermacher, Franz Josef et al.: Ökosoziale Marktwirtschaft. München, 2011.

Riegler, Josef (Hg.): Antworten für die Zukunft. Wien, 1990.

Riegler, Josef, et al.: Ökosoziale Marktwirtschaft. Graz, 1997.

Riegler, Josef; Scheiber, Ernst: querdenker: Ökosozial statt marktradikal. Wien, 2007.

Riegler, Josef: Den Blick nach vorn – Ökosozial leben und wirtschaften. Wien, 2009.

Rifkin, Jeremy: Die Dritte Industrielle Revolution. Frankfurt, 2011.

Ein unabdingbarer Perspektivenwechsel

Herwig Büchele

Das Ringen um ökonomisches Wachstum ist wohl zu einer der zentralen, wenn nicht der zentralen Frage aller Politik, aller Politiker geworden – in Ost und West, in Nord und Süd.

In den Jahrzehnten nach dem 2. Weltkrieg vertraute man auf eine Politik des größtmöglichen Wachstums von Gütern und Dienstleistungen. Das ökonomische Wachstum war eine Notwendigkeit, um die durch den Krieg hervorgerufenen Mangellagen zu beseitigen, um für Erwerbsarbeit und Einkommen zu sorgen – und damit für den sozialen Frieden.

Ohne Zweifel, das liberalistisch-kapitalistische Wirtschaftssystem hat eine Steigerung der Lebensqualität für breiteste Schichten der Bevölkerung mit sich gebracht, wie sie in den westlichen Industriestaaten noch nie gegeben war.

Mit dem Einsetzen eines verschärften Globalisierungsprozesses haben sich die Gefährdungslagen für die Menschheit zugespitzt. Mit am gefährlichsten erwiesen sich die oft chaotischen Tendenzen auf den internationalen Finanzmärkten, die zunehmende Gefährdung der Ökosphäre, insbesondere die Erderwärmung, die drohende Verknappung wertvoller Ressourcen, wie sauberes Wasser in weiten Teilen der Welt, die zunehmende soziale Armut in einigen Regionen unseres Planeten.

Was tun? Die Forcierung des ökonomischen Wachstums konfrontiert uns zunehmend mit den Grenzen des ökologischen Haushalts dieser Erde. Nimmt das Wachstum aber ab, nehmen die Arbeitslosigkeit und die soziale Armut zu und die Gefahr sozialer Unruhen erhöht sich.

Forcierung des Wirtschaftswachstums oder sinkender Güterausstoß – sind wir in diesem Dilemma gefangen? Lässt sich ein Ausweg aus dem Dilemma im Rahmen der Antriebskräfte unseres herrschenden Wirtschaftssystems finden? Nein – und dieses Nein gilt es nun zu begründen!

Knappheit ja, aber ...

Der Sinn des Wirtschaftens besteht grundsätzlich darin, die Knappheit an Gütern und Dienstleistungen zu überwinden. So zutreffend das ist – die Überwindung der Knappheit scheint immer wieder an den Antriebskräften unseres Wirtschaftssystems zu scheitern.

Eine dieser Antriebsenergien liegt in der Logik unserer Wünsche, unseres Begehrens begründet. Da ist einmal die Annahme schlichtweg falsch, menschliche Bedürfnisse seien etwas Feststehendes. Unsere Grundbedürfnisse wären leicht abzudecken. Warum produzieren wir dann – zumindest in unseren Breiten – wesentlich mehr Güter als notwendig sind, um unsere Grundbedürfnisse zu stillen? Ohne Zweifel, es entspricht der menschlichen Natur, Bedürfnisse zu haben. Das bedingt schon die biologische Überlebenssicherung.

Aber warum begehren wir wesentlich mehr Güter, als wir benötigen, um gut und sicher leben zu können? Einer der Hauptgründe liegt darin, dass wir immer wieder Güter nachfragen, die uns Prestige und Anerkennung einbringen. Wir unterliegen einem Vergleichs- und Anerkennungsstreben: Wer ist erfolgreicher? Wer ist beneidenswerter? Wer wird mehr bewundert?

Dieses Vergleichsstreben läuft entscheidend über die so genannten Geltungsgüter. Sie bilden das beneidenswerte Objekt in diesem Ringen um Anerkennung. Was als begehrenswert angestrebt wird, kristallisiert sich entscheidend aus einem Gesellschaftsprozess heraus, der anzeigt, welches Gut sich als bestrebenswert zu erringen lohnt.

Die Jagd nach „begehrenswerten Objekten“ lässt die Frage der Knappheit virulent werden. Die vermehrte Nachfrage heizt die Produktion an. Knappheit wird dadurch aber nicht überwunden, sondern laufend erzeugt.[1]

Zudem: Der Mensch ist ein verführbares Wesen. Diese Wahrheit nimmt die Werbung ernst. Sie erzeugt das Phänomen des künstlichen Hungers: „Du hast noch nicht, was du eigentlich möchtest“. Dieses „Noch-Nicht“ ist mitentscheidend eine Triebkraft, die das quantitative Wirtschaftswachstum vorantreibt.

Diese Rede von der Ambivalenz der Knappheit gilt für die Länder Europas und Nordamerikas; sie gilt auch für die reichen Schichten der Schwellenländer, aber auch für die Staatseliten und ihre Gefolgschaft in den so genannten Entwicklungsländern. Sie gilt aber nicht für breite Bevölkerungsschichten dieser Erde; sie können diese Rede nur als

Rede aus einer Welt verstehen, die sich den Luxus einer Wachstumsskepsis leisten kann. Aus dieser Perspektive betrachtet zeigt sich die Rede von der Ambivalenz der Knappheit gleichsam in einer zweiten Dimension: Zum einen ist die Überwindung von Knappheit – ökonomisches Wirtschaftswachstum also – eine Notwendigkeit für das Überleben weiter Teile der Menschheit, zum anderen kann die Forcierung des Wachstums nicht über die Grenzen des Ökohaushalts dieser Erde hinwegtäuschen.

Vom Zwang, ein Mehr zu erwirtschaften

Unser herrschendes Wirtschaftssystem basiert grundsätzlich auf der Logik der Macht-Konkurrenz. In diesem System sieht jeder Akteur den verlässlichsten Schutz der eigenen Sicherheit im Vertrauen auf die eigene Macht. Die Stärkung der eigenen Macht vollzieht sich über die Anhäufung von Mitteln – wie technische Neuerungen, Steigerung der Unternehmensgröße, Ausweitung der Finanzierungsmittel. Die begründete Vermutung, die anderen häufen Mittel an, um mich aus dem Wettbewerb zu verdrängen, veranlasst auch mich – um ihnen zuvor zu kommen – Mittel anzuhäufen. Jeder Akteur nötigt den anderen zur weiteren Anhäufung von Mitteln, um diesen Wettbewerb nach Möglichkeit überlegen zu bestreiten und nicht unterzugehen.

In diesem Konkurrenzkampf ist – tendenziell – jeder Akteur gezwungen, seine Entscheidungen dem Macht- und Wachstumskalkül zu unterwerfen. Um zu wachsen, müssen sie sich – tendenziell – verschulden. Die Verschuldung zwingt sie, ein Mehr zu erwirtschaften, um die Schulden plus Zinsen bedienen zu können.

Dazu besteht die Gefahr, dass der Wachstumsprozess in eine Rezession umschlägt. Um dies zu verhindern, greifen die politischen Eliten auf Staatseingriffe als Gegenmaßnahme zurück. Jedoch: Soll eine Rezession vermieden werden, dann gewährleisten – wie die Erfahrung zeigt – weder verstärkte Eingriffe des Staates, noch eine größere Freisetzung der Marktkräfte einen Ausweg aus dem Dilemma, quantitatives Wachstum zu garantieren. Diese These kann am Regulierungs-Deregulierungs-Phänomen verdeutlicht werden.

Ein zu eng geschnürtes Regelwerk engt den Handlungsspielraum der Entscheidungsträger ein, ein zu eng geschnürtes Regelwerk bremst und hindert effizientes und innovatives Wirtschaften. Deregulierung dagegen – also das Auflösen von Vorschriften und Kontrollen – fördert und begünstigt die Konzentration von Macht, Betrug, Manipulation. Mit einem

Wort: Weder eine verstärkte Regulierung, noch eine forcierte Deregulierung garantiert einen Ausweg aus dem Dilemma, quantitatives Wirtschaftswachstum zu gewährleisten.

Zur Verzahnung des ökonomischen und des militärischen Teilsystems

Das ökonomische Wachstum ist in seinem Auf und Ab nicht nur von den Marktkräften und den Staatseingriffen abhängig, sondern auch von globalen Risikofaktoren. Zu ihnen zählt insbesondere die Machtstellung des Militärs.

Das wechselseitige Angewiesensein des wirtschaftlichen und des militärischen Teilsystems erweist sich darin, dass die sichtbar/unsichtbare Hand des Marktes nicht ohne eine unsichtbar/sichtbare Faust funktionieren kann. Diese sichtbar/unsichtbare Hand, die angeblich Märkte reguliert, hat zur Voraussetzung die unsichtbar/sichtbare Faust einer Ordnungsmacht – in letzter Instanz einer militärischen Interventionsmacht. Sie ist notwendig, um die Öl-Felder, die Öl-Nachschubwege, die Schifffahrtshandelswege und die weltweit vernetzten Nachrichtensysteme zu sichern.

Aber auch Maßnahmen – wie die Reduzierung des CO_2-Ausstoßes, das Sparen von Energie und anderen Rohstoffen im jeweils eigenen Land – können über das eigene Land hinaus, allenfalls auch militärische Konflikte in anderen Regionen der Welt – ausgelöst durch massive Flüchtlingsbewegungen oder die Verknappung einiger wichtiger Rohstoffe – verhindern helfen.

Das Gemeingüterdilemma

Die weltweit verzahnten ökonomischen und politischen Verflechtungsprozesse und Hemmnisse verursachen Zwänge, denen die transnational operierenden Unternehmen und Banken ausgesetzt sind. Ein solcher Zwang stellt auch das Gemeingüterdilemma dar.

Dieses Dilemma lässt sich in vielen Zusammenhängen illustrieren. Als Beispiel sei der weltweite Fischfang gewählt. Möglichst viele Fische zu fangen (die Fische sind ein Gemeingut der offenen Meere) ist für die einzelnen Fischfangflotten rational. Da alle Fischfangflotten dieses Ziel verfolgen, kommt es zu einer Überfischung der Meere – bis hin zu einer weitgehenden Reduzierung der Fischbestände. Die längerfristige Folge ist ein

Dahinschwinden der eigenen Wirtschaftsgrundlagen für alle Fischfangflotten. Dies kann nicht im Interesse der einzelnen Fischfangflotten sein.[2]

Es ist also einsichtig, dass die Nutzung der weltweiten Fischbestände nicht mit beliebigen Mitteln und nicht unbegrenzt geschehen kann, weil sie sonst übernutzt oder ruiniert werden würden. Aber – und das ist die entscheidende Frage: Welche Mittel sind in der Lage, die ruinöse Übernutzung der Fischbestände zu verhindern?[3]

Die Macht des Gemeingüterdilemmas verstehen wir nur, wenn uns klar wird, dass ein Ausweg dann zielführend ist, wenn wir nicht beim einzelnen, nicht beim Strategiewandel einer einzelnen Fischfangflotte – also nicht individual-ethisch – ansetzen. Denn auch dann, wenn eine Fischfangflotte „altruistisch" zu handeln beabsichtigte, würde sich an der Übernutzung der weltweiten Fischbestände nichts ändern. Diese Fischfangflotte nähme bewusst Nachteile in Kauf, würde aber durch ihr Handeln die zunehmende Übernutzung der Fischbestände nicht nur nicht verhindern, sondern würde durch ihr Ausscheiden zumindest die kurzfristigen Vorteile der übrigen Fischfangflotten vergrößern. Durch individuellen Verzicht schadet sie nur sich selbst, nützt nur den Gewinninteressen der anderen, nicht aber dem Gemeingut „Fischbestände".

Diese Zusammenhänge machen uns eine grundlegende, vielfach übersehene Wahrheit offenbar: Eine Methode, die beim einzelnen Menschen, bei einem einzelnen Unternehmen allein ansetzt, bietet keinen Ausweg aus dem Dilemma. Aus dem Gemeingüterdilemma ist nur dann zu entkommen, wenn wir sozialethisch und nicht nur individualethisch ansetzen. In unserem Beispiel: Die einzelnen Fischfangflotten können nur dann das Gemeingüterdilemma überwinden, wenn sie gemeinsame Normen vereinbaren und in Geltung setzen, Normen, die das Handeln jeder Fischfangflotte in eine gemeinsame Rahmenordnung einbindet.

Wenn wir also die Hemmnisse und Zwänge des Gemeingüterdilemmas überwinden wollen, dann müssen wir das Handeln der einzelnen Akteure in eine Rahmenordnung einbetten, die ihr strategisches Handeln in gemeinwohlgerechtere Bahnen lenkt. Kontinent- und weltweit gesehen bedarf es einer kooperativen Organisation der Verantwortung, um kollektives Handeln in einen institutionellen Rahmen demokratisch festgelegter Spielregeln einzubetten.

Die ökologischen Grenzen

Das ökonomische Wachstum ist nicht nur im nationalen, sondern auch im weltweiten Rahmen abhängig vom ökologischen Haushalt unseres Planeten und seiner Grenzen.

Das herrschende zinsgetriebene Wachstum wird an ökologische Grenzen stoßen, deren wichtigste die Knappheit der Ressourcen und die Erderwärmung darstellen. Diese Auffassung scheint sich weltweit zunehmend durchzusetzen. Als das größte sich abzeichnende Drama des 21. Jahrhunderts wird von allen bedeutenden Klima-Forschungsinstituten die Erderwärmung betrachtet.

Kein Land ist bislang in der Lage, sein wirtschaftliches Wachstum von der Zunahme des CO_2-Ausstoßes abzukoppeln. Kein Land hat bislang gezeigt, wie man eine CO_2-arme Wirtschaft entwickelt. Die Fakten sind eindeutig: Der CO_2-Ausstoß ist in vielen Ländern noch gestiegen.

Die wissenschaftlichen Daten, die die Klima-Forschungsinstitute vorlegen, werden hinsichtlich ihrer Aussagekraft immer wieder angezweifelt. Aber selbst dann, wenn sich die Auswirkungen auf den Klimawandel als nicht so gravierend wie vorausgesagt herausstellen sollten, ist es schon aus reinen Kostenüberlegungen geboten, auf das Vorsorgeprinzip zurückzugreifen. Vorzusorgen ist weit billiger als „nachzusorgen".

Öko-sozialer Umbau als Ausweg?

Wie lässt sich ein Ausweg finden, wenn weder eine verstärkte Freisetzung der Märkte, noch vermehrte Staatseingriffe einen solchen Ausweg eröffnen? Einen möglichen Ausweg könnte ein öko-sozialer Umbau vor allem des Teilsystems Ökonomie – zuvor in den Industrieländern – in die Wege leiten. Es ginge um nichts Geringeres als einen Wandel unserer erwerbsarbeitszentrierten Gesellschaft in eine Tätigkeitsgesellschaft. Eine Tätigkeitsgesellschaft – das wäre eine Gesellschaft tätiger Menschen, in der wir einen geringeren Teil der Zeit für fremdbestimmte Erwerbsarbeit einsetzen und einen größeren Teil selbst gestalteter Tätigkeit widmen – im Engagement in den sozialen Netzen, im geistig-geistlichen Leben, in der künstlerischen Gestaltung des Lebens und in den politischen Gemeinwesen.

Das Konzept eines öko-sozialen Umbaus soll die Suche nach Alternativen anleiten, die uns aus der herrschenden Wirtschafts- und Lebensweise herausführen. Die grundlegende

Frage, die sich an diesem Punkt stellt, ist: Sind die Menschen in ihrer großen Mehrheit bereit, einen solchen öko-sozialen Umbau aus innerster Überzeugung mitzutragen – also ihren Lebensstil radikal zu ändern, auf wesentliche Teile ihres Geldeinkommens zu verzichten und ihre Kreativität dem Gemeinwesen in der Form vielleicht eines Talente-Geldes zur Verfügung zu stellen?

Dazu kommt: Ist ein solcher öko-sozialer Umbau im national-staatlichen Rahmen überhaupt verwirklichbar? Er bedingte ein Ausscheiden aus den kontinent- und weltweiten Verflechtungsprozessen. Der utopische Charakter eines solchen Umbaus ist offensichtlich. Was dann?

Unter welchen Voraussetzungen kann sich überhaupt ein Ausweg eröffnen? Ein solcher Ausweg hat zur Bedingung, dass es gelingt, die Antriebskräfte insbesondere des Teilsystems Ökonomie und das Anspruchsdenken von uns Menschen in Bahnen eines qualitativen Wachstums zu lenken. Es sind diese Antriebskräfte – wir haben es schon aufgezeigt –, die mit die Hauptursache für das quantitative Wirtschaftswachstum sind.

Die entscheidende Frage ist also: Welche Antriebskräfte ermöglichen ein qualitatives Wirtschaftswachstum? Und: Was verstehen wir unter einem solchen Wachstum? Um die letzte Frage vorwegzunehmen: Wir verstehen darunter ein Wachstum, das auch den zukünftigen Generationen der Menschheit die Ressourcen sichert, die ein menschengerechtes Dasein gewährleistet – Ressourcen wie Trinkwasser, Nahrung, Energie, Information.

Die Verwirklichung eines solchen Wachstums hat zur Voraussetzung, dass die herrschenden Antriebskräfte unseres Wirtschaftssystems – die Logik der Macht-Konkurrenz und das Anspruchsdenken von uns Menschen – einen grundlegenden Wandel erfahren. Die Logik der Macht-Konkurrenz zwingt den Akteuren ein Sieg-Niederlage-Spiel auf, zwingt sie so, auf Selbst- und Machtbehauptung zu setzen, um im Konkurrenzkampf nicht unterzugehen. Diese Logik der Selbst- und Machtbehauptung kann nur dann durchbrochen werden, wenn sie durch Prozesse der Kommunikation und Kooperation aufgelöst wird. Das wird nur dann geschehen, wenn in einem kommunikativen Prozess – zumindest im Umkreis der ökonomischen und politischen Eliten – eine Einigung über das erzielt werden kann, was unter qualitativem Wirtschaftswachstum zu verstehen ist. Erst dann kann begonnen werden, die Umsetzung dieses Wachstums ins Auge zu fassen. Billiger ist dieses Vorhaben nicht einzulösen.

Technologischer Fortschritt im Rahmen eines erneuerten Lebensstils

Technologischer Fortschritt ist unerlässlich, wenn die Wende vom quantitativen zum qualitativen Wirtschaftswachstum gelingen soll – unerlässlich aber nur dann, wenn er die Energieeffizienz fördert, wenn er den Rohstoffverbrauch und den CO_2-Ausstoß zu reduzieren hilft.

Technologische Neuerungen in diesem Sinn benötigen zumeist – sollen sie massenwirksam zum Einsatz kommen können – einen erheblichen Aufwand an Zeit, um eine wissenschaftlich-technische Innovation auf den Markt bringen und eine praxisnahe Umsetzung ermöglichen zu können. Dazu kommt, dass die Akzeptanz einer solchen, als unerlässlich bezeichneten Innovation nicht apriori garantiert ist. Ein Beispiel aus der Agrarindustrie veranschaulicht diese These. So werden genetisch veränderte Getreidesorten von der Bevölkerung – zu recht oder zu unrecht – nicht einfachhin akzeptiert.

Technologische Innovationen – in die Praxis umgesetzt – können darüber hinaus schädliche Nebenwirkungen auslösen, die im Labor trotz aller einschlägigen Tests nicht vorhergesehen waren. Gute Beispiele dafür sind Havarien bei Ölbohrinseln, der umstrittene Einsatz von Atomkraftwerken zur Verringerung des CO_2-Ausstoßes, die schädlichen Nebenwirkungen so mancher Pharmazeutika.

Es gibt keine Alternative zu einem vermehrten Einsatz von Wissenschaft und Technik zur Stützung qualitativen Wirtschaftswachstums. Trotz dieser Tatsache stößt – wie wir gerade feststellten – der Einsatz von Wissenschaft und Technik zur Reduzierung des quantitativen Wirtschaftswachstums an Grenzen. Deshalb gibt es keine Alternative zu einer erheblichen Änderung des Lebensstils – insbesondere in den OECD-Staaten.

Teilen der Souveränität

Wie kann der notwendige Wandel der Antriebskräfte unseres Wirtschaftssystems vorangebracht werden angesichts der Barrieren, die einem so tief greifenden Wandel entgegenstehen? Ist ein solches Ansinnen nicht utopisch? Auf den ersten Blick ja! Ein zweiter Blick verweist uns auf Reformansätze, die in Spurenelementen in weiten Teilen der Welt schon realisiert worden sind. Ich denke an die UNO und ihre Unterorganisationen, die Europäische Union, die internationalen Konferenzen – einberufen durch die UNO.

Alle diese Institutionen spiegeln in ersten Ansätzen eine internationale Kommunikation und Kooperation wider.

Und weiter ist zu fragen: Kann die Erfahrung eines Teilens der Souveränität von Staaten im Rahmen der Europäischen Union nicht Motivation und Vorbild für die weltweite Staatengemeinschaft sein, Wege zu einer Weltinnenpolitik hin zu entwerfen?[4] Weltinnenpolitik meint ja, dass – über die UNO hinaus – eine politisch verfasste Weltgesellschaft aufzubauen ist, die ihre Einheit nicht nur aus Vereinbarungen zwischen den Staaten bezieht, sondern diese Einheit durch eine Teilung national-staatlicher, politischer Steuerungskompetenz zu Gunsten einer kosmopolitischen Demokratie gewinnt.

Aber was sind die Mindestvoraussetzungen dafür, dass eine solche kosmopolitische Demokratie Gestalt gewinnen kann? Eine solche Voraussetzung ist, dass alle Staaten dieser Welt sich uneingeschränkt zu den universellen Menschenrechten und -pflichten bekennen und sie auch ihren Verfassungen als einklagbare Rechte zugrunde legen. Diese Forderung wird nur dann eingelöst werden, wenn die jeweiligen Regierungen eine solche unabhängige Gerichtsbarkeit anerkennen. Wobei diese Gerichtsbarkeit Klagen, die auf internationaler Ebene gegen den Verstoß von Menschenrechten eingebracht werden, entgegenzunehmen und sie auf ihre Rechtmäßigkeit zu prüfen hat. Diese Bedingung erfüllt allerdings nur ein Teil der Staaten dieser Welt. Zu achten ist darüber hinaus auf die Verfassungswirklichkeit. Die UdSSR – zum Beispiel – hat sich in ihrer Verfassung zu den Menschenrechten und zur UN-Menschenrechtscharta bekannt. Aber die Realität hat nicht diesen Verpflichtungen entsprochen.

Ein Perspektivenwechsel setzt auch einen tief greifenden Bewusstseinswandel der Bevölkerung voraus, nämlich kontinentweit und planetarisch zu denken und zu handeln. Eine solche – von den Weltgrundkonflikten her gesehen notwendige, von der Realverfassung der Staatenwelt utopisch anmutende – politische Strategie wie eine Weltinnenpolitik wird von den Regierungen nur dann in den Blick genommen und umgesetzt werden, wenn die Bevölkerung eine solche Politik gutheißt.

Zusammenfassung

Der unabdingbare Perspektivenwechsel in Theorie und Praxis hin zu einer Welt des qualitativen Wachstums – insbesondere im Rahmen der OECD-Staaten – wird sich nur dann einstellen, wenn in breiten Teilen der Bevölkerung ein grundlegender Wandel des Wirtschafts- und Lebensstils einsetzt. Ist dieser Wandel realistischer Weise zu erwarten oder wird er uns durch schwere Krisen auferlegt werden? Eine Politik des „muddling through", eines Sich-Durchwurstelns, wird uns aus dem Grunddilemma – Forcierung des Wachstums oder Verfall – sicher nicht erlösen.

Anmerkungen

1 Vgl. Dumouchel, Paul; Dupuis, Jean-Pierre: Die Hölle der Dinge. Thaur/Münster, 1999.

2 Vgl. Hardin, Garrett: The Tragedy of the Commons, in: Science, 13 (1968), 1243-1248. Senghaas, Dieter: Wohin driftet die Welt?, Frankfurt am Main, 1994, 154-161.

3 Vgl. www.greenfacts.org/de/fischerei/index.htm

4 Vgl. Büchele, Herwig; Pelinka, Anton (Hg.): Friedensmacht Europa. Dynamische Kraft für Global Governance? Innsbruck, 2011.

Verzeichnis der AutorInnen

Maria Abraham-Mülleder

Studium der Internationalen Wirtschaftswissenschaften in Innsbruck und Sevilla; Tätigkeit am Institut für Wirtschaftswissenschaften der Universität Innsbruck; seit 1999 in einer Linzer Bank, zuständig für volkswirtschaftliche Fragen.

Herwig Büchele

em. Professor für Christliche Gesellschaftslehre der Theologischen Fakultät der Universität Innsbruck; Mitglied der Gesellschaft Jesu.

Gerhard Glatzel

em. Professor für Waldökologie der Universität für Bodenkultur Wien; Obmann der Kommission für Interdisziplinäre Ökologische Studien der Österreichischen Akademie der Wissenschaften.

Friedrich Hinterberger

1985-1991 Wissenschaftlicher Mitarbeiter an der Justus-Liebig-Universität Gießen; 1993-2000 Mitarbeit am Wuppertal Institut für Klima, Umwelt, Energie als Leiter der Arbeitsgruppe Ökologische Ökonomie und Ökologische Wirtschaftspolitik. Seit 1999 Gründungspräsident des Sustainable Europe Research Institute; Vorstandsmitglied im Austrian Chapter des Club of Rome.

Günther Humer

Themenmanager bei der Oö. Zukunftsakademie; ehrenamtlich im Vorstand von SPES Schlierbach (Studiengruppe für Projekte und Strukturen).

Harald Hutterer

Studium der chemischen Verfahrenstechnik. Über zwanzig Jahre Berater für Energie- und Abfallwirtschaft; Beschäftigung mit Wohlfahrtsökonomie im Bereich Umweltpolitik.

Ines Omann

Doktorat in ökologischer Ökonomie der Universitäten Graz und Leeds; 1997-2004 wissenschaftliche Mitarbeiterin und Universitätsassistentin an verschiedenen Forschungsinstituten; seit 2004 wissenschaftliche Mitarbeiterin am Sustainable Europe Research Institute.

Peter Pawlowsky

Arbeit in Verlagen und in der Erwachsenenbildung; 18 Jahre innenpolitischer Journalist; Radio- und Fernsehbeiträge seit 1969 (Wissenschaft, Religion); 1990-1997 Leiter der Abteilung „Religion" im ORF Fernsehen; Mitglied des Programmbeirats des Kultursenders ARTE.

Anton Pelinka

seit 2006 Professor of Nationalism Studies and Political Science an der Central European University Budapest: von 1975-2006 Professor für Politikwissenschaft der Universität Innsbruck.

Josef Riegler

Bundesminister für Land- und Forstwirtschaft; Vizekanzler der Republik Österreich; Gründer und langjähriger Präsident des Ökosozialen Forums und des Ökosozialen Forums Europa.

Rainald Tippow

seit 2002 Leiter des Bereiches Pfarr-Caritas und Nächstenhilfe der Caritas der Erzdiözese Wien. Inhaltliche und gremiale Vertretung der Caritas zu Armutsfragen, sozialer Gerechtigkeit und Caritas-theologischen Themen.